文史哲學集成

胡豈凡 著

杜甫生平與詩學研究

文史哲出版社 印行

文史哲學集成

杜甫生平及其詩學研究

著　者：胡　豈　凡
出版者：文史哲出版社
登記證字號：行政院新聞局局版臺業字〇七五五號
發行所：文史哲出版社
印刷者：文史哲出版社
臺北市羅斯福路一段七十二巷四號
郵政劃撥儲金帳戶一六九九五號
電話：三五一一〇二八
定價：新臺幣二六〇元
中華民國六十七年十二月初版

杜甫生平及其詩學研究　目錄

第六章　遣懷……一〇九

第九章 好義

從韻文中論詩學梗概 代序

沔陽胡豈凡著

一、導　言

詩，是人類智慧最美好結晶，也是人類最卓越藝術表徵。它以風雅的詞藻，高華的采飾，將人們精神生活與物質現象，繪形繪色與有情有韻的表彰出來，遂使人類每一時期的歷史價值，輝煌燦爛，旣炫赫於當時，也光照於後世。於是：「日出而作，日入而息，鑿井而飲，耕田而食，帝力何有於我哉」的初民生活，也是曠絕古今中外的自由樂土生活，在這簡單的詩意裡，被活生生的刻劃幷浮托了出來。因之人人諷誦，戶戶弦歌，而使歷來世界上人們，爲之艷羨嚮往不置，於是詩學地位，在我國文學領域中，成爲一大主流，與我國散文文學長期並行，而永不衰竭。

回顧我國數千年歷史，詩的領域日漸在恢廓，詩的境界也日趨高遠。無論在任何一個歷史階段，我國詩學的蕃衍與發展，皆可傲視當時世界而無所愧色。由之可以豪放一點說：我們的詩與詩學成就，應爲世界詩與詩學的翹楚，領袖羣倫，風靡人寰，絕不算是誇大。

民國初年，先賢梁任公曾經說過：「我國古典文學，也卽是韻文學，爲人類唯美文學」。他的如此說法，決不是偶有所感而言。良以我國詩學所表現出來的，爲實質美，詞藻美，音節美，格調美，高曠中隱含風雅，穠艷中飽育淡泊，命意雋允，逸韻鏗鏘；且感人淑世，有力無形。梁任公之言，當係本此而發。

縱觀我國文學發達史，歷代賢哲對詩的創作與詩學的闡揚，在道德標準約束下，配合個人天才與性靈，以言近而旨遠的神韻智能，作守約以博滋的表達，使人類眞性靈流動於內在而形諸於外表，更使簡勁清越的有盡詩意，作含蓄無窮的散發，立已而達人。於是任何一位學者，如無道德涵詠於胸懷，固不可以爲詩，而才情短絀，學養偏頗者，尤不足以言詩。

蓋以詩的創作，爲人們道德的高度昇華，也爲學養的堅實表現，內存天道，外彰人道，而擅揚國家大雅，whose遭遞民情風俗，就胥在乎是。一般器宇狹隘，才情鈍拙，感情枯澀，言行鄙淺之輩，則其心智蔽塞，靈台渾濁，卽令爲詩，勢必味同嚼蠟，當然不會創作出予人以美感，或予人以豪壯感覺的詩品來，更不可能有：「筆落驚風雨，詩成泣鬼神」，與「此曲祇應天上有，人間那得幾回聞」的成就了。

二、詩學的發生與發展

追溯人類文明演進史，就可以概知，人們最初的語言，是先從「伊呀」與「手勢」、或其他輔助動作的意象行為開始的。再進而為歌唱，為用文字記載的韻文同散文。這是人類文明發展軌跡，誰也不容否認的。當我們聽到一個初生嬰兒離開母體的第一個聲音，即為啼聲，其次為歡笑聲。這些啼聲和笑聲，有高有低，有板有眼，此即人類詩歌和韻文的起源。從以上事實，我們可以作肯定性的說，人類在有文字之前，人與人的意思表達，情感交流，多半是用歌唱來進行的，也即是用韻語來進行的。因此一個國家文字的發軔，是先有詩歌、韻語，再有散文的。而韻文當以韻語為基礎，再用文字顯示出來，這一點是可以作具體性的論斷的。蓋詩歌的結構，比較簡單，運用文字記載，也較為容易。不像散文，需要繁褋的組織與龐大與篇幅，才能記述一些事故。可惜先民的「文獻無徵」，國人最早的日常生活、語言、習慣、究竟實質如何？到今天任何人皆無法「拏出準確可靠的證據來」。儘管相傳堯帝時有一首康衢歌，為：「立我蒸民，莫匪爾極，不識不知，順帝之則」，是有文字記載的韻文，與帝舜所作：「南風之薰兮，可以解吾民之慍兮，南風之時兮，可以阜吾民之財兮」等，是用文字寫作的韻文。惟其語意平易，似是後人仰慕唐虞盛世，有意假託而作的。

不過，先民人與人間的接觸，如何表達雙方意見的方式，雖考證不易，但先民之以詩歌爲最初語言之論點，仍是可以成立的。例如：古時流傳下來的格言，俗諺，幾純爲韻語。再如一些最早的書，像三墳五典，老子、荀子、莊子、列子、文子、呂氏春秋，淮南子、尙書、易經、書經、乃至金石文字等，其中不少文詞，是用韻文寫成的。致於詩經一書，則更是全用韻文寫成的。其所用韻律，也純係用當時各地口語爲根本，隨口歌唱，語句順暢，句尾字音接近，亦如現在民間所唱山歌一樣，絕無任何韻律限制與平仄各聲束縛。因此詩經這部書，爲我國最早見諸文字的自由詩，類似現行的所謂新詩，自是絕對的事實。

附帶要提及的，卽詩經本爲三百十一篇，其中數篇如南陔、白華、華黍、由庚、崇丘、由儀等六篇，則爲笙詩，有聲無詞，幷經孔子刪定之後，乃成爲現行流傳的三百零五篇。而其大意，則全係表現周朝的政治、經濟、社會、宗教、道德、思想、教育、文化、愛情、祭祀等。大體言之，卽包括了國風、大雅、小雅、歌頌等四類，也就是採用當時諸侯各國的民謠和祭典的樂章，與周朝王室的各種狩獵、宴會、及表彰民族英雄等所歌唱的詞藻、爲之。

繼詩經之後的韻文學，卽爲楚辭，一般考證，係屈原、宋玉、景差等三人所共作，其中以屈原所作之離騷，最爲歷代研究文學的人們所熟知，流傳也最廣。秦後漢初，則五言及七言詩的形成，鑄造了楷模。例如最初劉邦的：「大風起兮雲飛揚，威加海內兮歸故鄉，安得猛士兮守四方」。及梁鴻的五噫詩：「陟彼北芒兮，噫！瞻顧帝京兮，噫！宮闕崔巍兮，噫！民之劬勞兮，噫！遼遼未央兮，噫！」等等，即爲五言和七言詩，開闢了坦途。

漢武帝設樂府官署，廣徵民歌，與古詩十九首的出現，使五言詩及各類雜言詩，逐漸形象化。東漢時期，五言詩更大行其道，魏晉南北朝詩人，承東漢詩學餘緒，創作五言詩，不遺餘力，李唐代興，七言詩勃起，五言詩也持續流傳，遂形成五、七言詩在詩壇上平分秋色的對等地位。於是所謂近體詩的五、七言律詩和絕句，也就漸成爲韻文學、也即是詩學的主體。

自唐代以迄宋、元、明、清各時代，韻文學的演變，雖有詞、曲的體裁產生；但鍊句，仍以五、七言爲組成要素。其他如詞曲中的三言、四言、六言、八言、九言、十一言等長短句，雖間或有之，但未若五、七言運用之普遍與廣泛。故詩歌由不定型的口語唱達開始，進而形成用文字書寫的四言詩經，以後爲楚辭，爲樂詩，爲五、七言古風，與五、七言律詩，絕句，乃至長短句的詞曲等，其發生與發展經過，不外乎上述諸端了。

三、詩與生活

溯自商周時代起，詩學已有其崇高地位。及至漢朝，更將詩學列爲羣經之首，其受重視可知。東漢及魏晉各朝帝王，均致力於詩。我們在文心雕龍時序篇裡，可以看到下述一段特別重視詩學的文字，特予摘錄如此，以見一斑。「魏武以相王之尊，雅愛詩章，文帝以國君之重，妙善辭賦，陳思以公子之豪，大筆琳瑯，并體茂英逸，故俊才雲蒸。仲宣（王粲）委質於漢南、孔璋（陳琳）歸命於河北、偉長（徐幹）從宦於吉士，公幹（劉楨）徇雅於海隅，德璉（應瑒）綜其斐然之思，元瑜（阮瑀）展其翩翩之樂，而傲雅觴豆之前，雍容衽席之上，灑筆以成酣歌，和墨以藉談笑」。李唐興起，詩學更受器重，開科取士，詩賦列爲要卷。於是詩學，也即是韻文學，就在我國文化歷史上，奠定了堅强不移的地位。

孔子有云：「小子何莫學夫詩」。又云：「不學詩，無以言」。以孔子集國學之大成，對詩如此重視，就可以了然於詩之有益人羣社會者實多。虞書說：「詩言志，歌永言」。經序則說：「情動於中而形於言」，爲詩創作之動機。朱熹更言：「人生而靜，天之性也，感於物而動，性之欲也。夫既有欲矣，則不能無思，既有思矣，則不能無言，既有言矣，則言之所不能盡，而發爲咨嗟咏歎之餘者，必有自然之音響節奏，而不能已矣，此詩之所由作也」。如此我們可以了然詩之作，由情而發，由情表現，亦即人性喜怒哀樂的最後宣解。且也王者治世，觀風俗，察民情，知得失、振木鐸、多由民間詩歌中采擷爲之。因此我們可以看出詩學的嚴切性來。

常觀察任何時代詩人出處言行，可以確知其爲人也，必溫柔而敦厚、恂恂儒雅、風貌靄然、此卽詩學之涵泳，有以致之。

抑有言者，詩的功用，可以激發人性良知，振聾啓聵，發揚正氣，契合人心，以忠愛之精神，寫排蕩激越之詞旨，來緊扣人們心弦，用翻江倒海的感人力量，創作掀天揭地事業，以期裨益國家社會，及影響世道人心，豈不最善。

玆以人生百態爲憑藉，摘錄歷代少數詩人所寫的各類詩章，以徵信詩與人們生活息息相關之具體驗證。

㈠晉朝陶淵明安貧樂道詩：「結廬在人境，而無車馬喧。問君何能爾，心遠地自偏。採菊東籬下，悠然見南山。山氣日夕佳，飛鳥相與還。此中有眞意，欲辯已忘言」。

㈡南北朝陸凱贈范曄詩：「折花逢驛使，寄與隴頭人，江南無所有，聊寄一枝春。」

㈢南北朝陶宏業答齊高帝蕭道成問山中何所有詩：「山中何所有？嶺上多白雲，只可自怡悅，不堪持贈君」。

㈣唐朝王昌齡出塞詩：「秦時明月漢時關，萬里長征人未還，但使龍城飛將在，不教胡馬度陰山」。

㈤唐朝李白靜夜思詩：「床前明月光，疑是地上霜，擧頭望明月，低頭思故鄉」。

㈥唐朝金昌緒春怨：「打起黃鶯兒，莫教枝上啼，啼時驚妾夢，不得到遼西」。

㈦唐朝杜甫聞官軍收復河南河北詩：「劍外忽傳收薊北，初聞涕淚滿衣裳，却看妻子愁何在，漫卷詩書喜欲狂。白日放歌須縱詩，青春作伴好還鄉，卽從巴峽穿巫峽，便下襄陽到洛陽」。

㈧唐朝孟郊游子吟：「慈母手中線，游子身上衣，臨行密密縫，意恐遲遲歸，誰言寸草心，報得三春暉」。

㈨宋朝王安石夜泊瓜洲詩：「京口瓜洲一水間，鍾山祇隔數重山，春風又綠江南岸，明月何時照我還」。

㈩宋朝蘇軾飲酒湖上初晴後雨詩：「水光瀲灩晴方好，山色空濛雨亦奇，欲把西湖比西子，淡粧濃抹總相宜」。

㈩㈠宋朝陸游示兒詩：「死去原知萬事空，但悲不見九州同，王師北定中原日，家祭無忘告乃翁」。

㈩㈡宋朝岳飛題新淦古寺壁詩：「正氣堂堂貫斗牛，誓將貞節報君仇，斬除元悪還車駕，不問登壇萬戶侯」。

㈩㈢元朝倪瓚題鄭所南畫蘭詩：「秋風蘭蕙化爲茅，南國淒涼氣已消，只有所南心不改，淚泉和墨寫離騷」。

㈣明朝于謙小樓卽景詩：「樓外青山好，樓前綠樹多，欄杆知幾曲，曲曲費吟哦」。

㈤明朝戚繼光馬上行詩：「南北馳驅報主情，江花邊月笑平生，一年三百六十日，多是橫戈馬上行」。

㈥明朝思宗（朱由檢）贈秦良玉詩：「蜀錦征袍手製成，桃花馬上請長纓，世間不少奇男子，誰肯沙場萬里行」。

㈦清朝袁枚謁岳王墓詩：「靈旗風捲陣雲涼，萬里長城一夜霜，天意小朝廷已定，那容公作郭汾陽」。

㈧清朝柴靜儀咏梁紅玉詩：「玉面雲鬟拂戰塵，芙蓉小隊簇江濆，不操井臼操桴鼓，誰信英雄是美人」。

四、詩的體例與欣賞

人、無論賢不肖，均有豐富的感情，但感情的本身，飄忽游離，捉摸不易。於是智者用空靈的想像，與意趣高遠的靈活手法，驅遣文字，以表達出來，予人强烈感應，以震撼人們心弦，引起共鳴，詩的精神，於是乎存在了，詩的形象，也自然而然的顯現出來了。

任何人皆有詩心，在任何人的意念裡，也皆有寫詩的本能衝動，如果每個人都願意把握這一衝動本能，而在內心裡稍加整練，再用文字寫出，將會成爲一首可以自我欣賞，甚至也可以公諸社會的好詩。

我國歷史悠久，文化廣被，詩之寫作，因年代長久的展延，與文化多方面的演進，而變化殊多。因此詩的體例，也極爲繁襍。玆舉例如下：

㈠歌謠：歌謠起於初民時代，體例無定，句有長短，不考慮平仄，雖偶爾押韻，但各韻通轉，等於未經人工雕琢的天籟，以古拙純朴見長。相傳帝堯時代有一首普遍流傳的康衢歌，與帝舜所作南風歌（歌詞見前此處從略），其中一首每句四字，一首則句有長短，聲韻都未講求。儘管世界上不少學者，懷疑堯、舜這兩個朝代存在的眞實性，但朝代的有無，非本文討論範圍，而這兩首歌謠的古撲渾元，則是値得吾人欣賞的。

㈡樂府：樂府這個名稱，始於漢代，至武帝時，正式創立樂府官署，以製作宗廟郊祀樂章，及收集民間歌詞入樂，乃奠定樂府詩歌在文學上的價値基礎。漢書禮樂志云：「武帝定郊祀之禮……乃立樂府，采詩夜誦，有越代秦楚之謳。以李延年爲協律都尉，多擧司馬相如等數十人，創作詩賦，略論律呂，以合八音之調，作九章之歌」。另據藝文志所載：當時樂府所收集的歌辭，概略可分爲：一是貴族文人所作的詩頌辭賦，一爲民間歌謠，如有名的唐山夫人房中歌，鄒子、司馬相如的郊祀歌等，卽屬於前者。相和歌，淸商曲，及鐃歌（鼓吹）等，則屬於後者。依各種資料統計，武帝時代收有各類歌詞一百三十八篇，對於韻文學的闡揚，貢獻極大。玆擧當時所收民歌兩首內容如下，以見一般。⑴「江南可採蓮，蓮葉何田田，魚戲蓮葉間，魚戲蓮葉東，魚戲蓮葉西，魚戲蓮葉南，魚戲蓮葉北」。⑵「上邪！我欲與君相知，長命無絕衰，山無陵，江水爲竭，多時震震夏雨雪，天地合，乃敢與君絕」。這兩首民歌，雖沒充實內容，但格調大雅活潑，正是民歌本色。

㈢古體詩：古體詩以五言七言爲正統，悉稱古風，但五、七言古體詩內，有時也摻雜三言、四言、六言、九言、十言、十一言者。然以五、七言較普遍。如漢時無名氏所作古詩十九首，李陵蘇武送別作答，乃至晉魏南北朝所作各類詩歌，則均以五言居多，唐初也盛行五言古風。至七言古風，大概自漢武帝時之柏粱體開始，迄唐時而鼎盛。由於七言句長意裕，易於寫作，但內容必須敍事圓融，竟境開闔自如，氣勢波瀾壯濶，起伏突兀峻峭，始見工夫。一般說來，古風之作，在章法上，每首句數，可自由伸縮，不受限制。惟大多以雙句數爲準，不過唐人也有極少之單句數古風行世。至於用韻，有每句用韻者，亦有隔句用韻者。而三句一韻，四句一韻，也間或有之，惟問世較少。其中可以全篇用平聲韻，也可以全篇用仄聲韻，更可自由變換韻目，如平聲換仄聲，仄聲換平聲。但一般習慣作法，換韻以每四句或六句八句一換爲宜，如果每兩句換韻，則成爲拗體，作者較少。必要時，也可用重複韻脚（非不得已，仍宜避免）。茲舉五、七言古詩各一首如下：⑴五古：杜甫上韋丞相：「鳳歷軒轅紀，龍飛四十春。八荒開壽域，一氣轉鴻鈞。霖雨思賢佐，丹青憶舊臣。應圖求駿馬，驚代得麒麟。沙汰江河濁，調和鼎鼐新。韋賢初相漢，范叔已歸秦。盛業今如此，傳經固絕倫。豫章深出地，滄海闊無津。北斗司喉舌，東方領搢紳。持衡留藻鑑，聽履上星辰。獨步才超古，餘波德照鄰……」。此五古悉押平聲韻，每兩句一押，中間未換韻。⑵七古：韋應物驪山行：「君不見，開元至化垂衣裳，厭坐明堂朝萬方。訪道靈山朝聖祖，沐浴華池集百祥。千乘萬騎被原野，雲霞草木相輝光。禁仗圍山曉霜切，離空積翠夜漏長，玉階寂歷朝無事，碧樹萋萋寒更芳。三清小鳥傳仙語，九華眞人奉瓊漿……」。其用韻押韻換韻悉同前首五古。

㈣近體詩：近體詩又稱今體詩，始於唐朝，與古體詩對立，唐以後各朝開科舉取士，除寫作策論之外，也要求作詩。因此使詩的形勢劃一標準，於是對於平仄、對仗、用韻等，均要求嚴格。這是唐以前所少見現象，也與以前各朝作詩體例、字句、用韻及篇幅長短等，悉聽自便的方式，完全改變。因此後人對此後所作之詩，概稱近體詩，其種類大別有三。第一爲律詩、第二爲絕句、第三爲排律。而且限定律詩每首八句，每句五言或七言，全篇一律，不可增減，并規定三、四與五、六句，必須對仗，才合規格。絕句亦稱截句，每首句數，爲律詩之一半，限定五言或七言，但不須對仗，似爲截取律詩之第一、二、七、八句組合而成也（如有對仗句亦可通用）。排律則全首均爲對仗，字數每句五言或七言，同樣嚴格限定，不得變更。

作律詩有數難，即起句難雅、對句難工、結句難峭。限定五言，不可自加，限定七言，不可自減是也。當然如用字典麗，用意高雅，寫景清華，寫情沉雄，則尤爲不易也。作絕句則五言重確切，以質爲勝，文爲輔。七言重風雅，以文爲勝，質爲輔。但皆須言近旨遠，意眞情切，聲韻貼叶，虛實配合無間爲妙，更須注意俊逸、自然、恬淡、高卓、則成絕響。玆例舉五、七言律詩各一首如下。(1)五言：孟浩然和張丞相春朝對雪：「迎氣當春立，承恩喜雪來，潤從河漢落，花逼艷陽開，不覩豐年瑞，焉知爕理才，撤塩如可擬，願滲和羹梅」。(2)七言：杜甫蜀相：「丞相祠堂何處尋，錦官城外柏森森。映堦碧草自春色，隔葉黃鸝空好音。三顧頻繁天下計，兩朝開濟老臣心。出師未捷身先死，長使英雄淚滿襟」。作五、七言絕句，須以豪壯，華美爲勝。所謂豪壯者即胸羅萬象，氣吞河岳，縱橫捭闔，如掀天揭地，如倒海翻江，大氣滂礴，有若日月經天，亘古常新，無極無垠。所謂華美者，即艷若桃李、嬌若芙蓉、牡丹、凝碧如洗、沉穩如金、晶瑩如玉、溫潤如珠，加上文義美、格調美、音節美。使鑑賞者如春日之面對陽春白雪，如夏日之啖冰瓜雪藕、如秋日之臨瑤池清輝，如冬日之旅冰封山川、心曠神逸、塵擾皆忘。玆例舉五、七言絕句各一首如下：⑴五言：王之渙登鸛雀樓：「白日依山盡，黃河入海流，欲窮千里目，更上一層樓」。⑵七言：作者春日卽事：「萬丈豪情載酒行，千詩斗酒薄瓊林，半歌半醉半風雅，踏遍雲山第幾程」。

作排律，貴敍事，前後呼應，章法洗鍊。尤貴對仗工整，寫情寫景，脈絡一貫。而文義之如行雲流水，格調鏗鏘，更應重視。排律爲初唐四傑王勃，盧照鄰，駱賓王、楊炯所創行，以應制及侍晏時寫作較多，因之又稱爲臺閣體。五言或七言排律，與五、七言律詩，句字雖一，但篇法則大異。蓋律詩每首限定八句，不得增減，排律則不然，一首數十韻，甚或過百韻者。玆舉王維最簡短五言排律一首如下：「寥廓涼天靜，晶明白日秋，圓光含萬象，碎影入閑流。迴與青冥合，遙同江甸浮。晝陰殊衆木，斜影下危樓，宋玉登高怨，張望却遠愁，餘暉不可記，雲路豈悠悠」。

㈤三言詩：古今來寫作不多，每句三字，句數不等，不論平仄，也少押韻。寫三言詩，應重古朴、拙質，避免用浮華字句。玆舉曾熙祝某夫人壽一首如下：「祝母壽，推賢良，應時興，令譽彰，臨九嶷，望瀟湘，祝母壽，壽無疆」。

㈥四言詩：詩經上所有詩，幾百分之九十五以上爲四言，秦漢時代，亦有作之者，其寫作重點，以抒發感情爲第一，也有言及時代民情風俗者，無平仄及押韻限制。玆擧曹操觀滄海四言詩一首如下：「東臨碣石，以觀滄海。水何澹澹，山島竦峙。樹木叢生，百草豐茂。秋風蕭瑟，洪波湧起。日月之行，若出其中。星漢燦爛，若出其裡。幸甚至哉，歌以詠志」。

㈦上述各類詩體，各時代從事詩學作者，除三言外，一般寫作，較爲普遍。就當前詩學界言，自以五、七言古風和五、七言律詩絕句寫作，尤其七言絕句爲多。因其不須對仗，無須過分推敲，乃爲諸多詩學作者所喜倘，一有所感，卽可信手拈來，皆成妙諦。當然詩的體例尙多，如六言詩，雜言詩、廻文詩、全首皆用平聲和全首皆用仄聲組成的詩，或者用一句平聲一句上聲，一句平聲一句去聲，一句平聲一句入聲組成的詩，還有全首疊韻、兩韻、一韻組成的詩，更有一三五全用平聲，二四六全用仄聲的詩。至於和韻、聯韻、集前人多數人句，或集前人一人句詩，與所謂竹枝詩，打油詩等，也均成爲詩中一格，受到古今學者們的硏習。惟以此類詩體例，複襍紛繁，未能一一例擧，以省篇章。

五、詩的聲韻與平仄調配

詩的形成，首由民謠（卽信口歌唱）演變爲樂府，由樂府演變爲古風，由古風演變爲限韻的近體詩，爲詞、曲，再近而爲接近散文體的新詩等等，綜合這許多在體例上的演變，不下七八種之多，但演變的結果，皆離不開一個中心機樞，即是聲韻的調配問題，說得更明顯一點，就是聲調與音韻的運用和安排問題。

我們研究任何一首古典民謠、古風、以及漢樂府所創收的各類詩歌，乃至近體詩詞曲和現代新詩等，幾無一不具有音樂美，節奏美、聲調鏗鏘，適於吟詠和演奏。蓋以它具有美妙的音符，抑揚頓挫的節拍，與喜怒哀樂的感染效果。因此漢以下一般學者作詩，必須通過推敲，與反覆吟哦之後，才寫成定稿。所謂推敲，即古之擊節，今之口吟手拍者是。由之人們就很自然的衆口一詞，將作詩說爲吟詩了。杜子美更明顯的說：「新詩改罷自長吟」。作詩爲何要吟哦呢？此即求其在音節上與聲調上的幽美、統一及和諧故。

詩的聲韻，係由字的四聲所組成。何謂四聲？即依據字音確定其音節，依音節分別平仄，畫定平上去入四聲。而四聲之判別，明釋眞空有玉鑰匙一則七言四句的口訣，爲：「平聲平道莫低昂，上聲高呼猛力强，去聲分明哀遠道，入聲短促卽收藏」。這四句口訣，爲研定每字音節誰屬的基本要經。所謂平聲者，以道平聲和故爲平，上聲者，以高呼聲亢故爲上，去聲者，以道遠聲遙故爲去，入聲者，以急切聲翕故爲入。

上述四聲之區別，雖云淺近，但初學音節的人，領悟似仍不易。玆再舉音韻學上的第一個字，卽東字爲例，以作進一步的解釋。

「東」字在音韻學上爲平聲，如何確定呢？我們試唸一下，東字發音時爲第一聲，且尾音可任意延長，其音量更爲不低不昂。因之凡遇此類音量的字，皆爲平聲。東字的第二聲爲董字，我們讀董字的音量，在意念裡，似有不明確的感覺，且無尾音。因之凡遇此類音量的字，皆爲上聲。東字第三聲，爲涷字，我們讀涷字的音節，雖似覺有尾音，但音量短促。因之凡遇此類音量的字，皆爲去聲。東字第四聲爲篤字，我們讀篤字的音節，旣無尾聲，且似覺有急迫收歛的感覺。因之凡遇此類音量的字，皆爲入聲。

有了前段的說明，仍恐初學者印像不夠明確，在這裡特再作更進一步的解釋。我們試回顧前段所說明的平聲與去聲的判定，皆有尾音，但平聲字的尾音可以拉長，音節平坦，去聲字的尾音雖可拉長，但音節短促，而上聲與入聲的判定，是由於這兩聲皆無尾音故。但上聲字，讀之可以體會出音節高而響亮，入聲字，讀之可以體會出音節低而翕歛。因之要區分字的四聲，本諸上述各節要點，加以混合運用，則大致可以瞭然了。

玆再舉平上去入四聲讀音實例數則如下，以作範例性的硏究參考。

㈠東董涷篤㈡公拱貢各㈢龍隴弄鹿㈣魚語遇玉㈤開愷概刻㈥辛省信息㈦元軟願月㈧周走奏責。

在六朝以前，字的四聲，雖有人注意，但不夠明確，到了南齊時代，當時學者，如周顒、沈約、謝眺、王融等，依據研讀佛經之法，分別研訂字的平上去入四聲，並撰聲譜行世。清顧炎武氏的音論裡引證南史陸厥傳說：「永明末，吳興沈約、陳郡謝眺、瑯玡王融等，以聲韻相推許，汝南周顒、善識聲韻，爲文皆用宮商，以平上去入爲四聲」。唐元和韻譜裡，也談到四聲的區分，應以：「平聲哀而安，上聲厲而舉，去聲清而遠，入聲直而促」爲原則。清江永在音學辨微中，也有：「平聲長而空，如擊鐘鼓，上去入聲短而質，如擊土木石」等概要見解。這幾位不同朝代的學者，說法雖有差異，但最後結論，仍爲一致。

從上舉片段資料，可以歸納爲：自六朝起，歷代學者，爲了調配字的音韻，使之美妙協和，故研究四聲者，代不乏人，成就亦殊多，但不可能一一例擧，以省篇幅。

現在來談作詩時，如何運用平仄，與協調平仄，使每一作品，無論爲古風，爲近體詩（如律、絕、排律），爲詞爲曲，均能音調鏗鏘美妙，文詞和諧，而成爲高度藝術品。爲了達到此一基準，作詩時，就必須多作推敲與吟哦。儘管如此，但以詩的範圍，太過廣泛，如何確定推敲與吟哦？假使要一一提出探討，則運用文字過多，似亦欠允當。玆擇要就當前人們習於寫作的五、七言律詩和絕句，予以分別擧例說明。

五言詩，無論絕句或律句，首起句習慣性不押韻，但如押韻，亦不爲錯誤。七言詩則剛好相反。故七絕或七律，首起句均以押韻爲定格，但不押韻，也未可厚非。

玆先談五言絕句運用平仄的定格如下：

㈠五絕首句不押韻的平起式（首句第四字如爲平聲，則稱平起式，律詩同）。

仄仄平平仄，平平仄仄平（韻）平平平仄仄，仄仄仄平平（韻）。

㈡五絕首句不押韻的仄起式（首句第四字如爲仄聲，則稱仄起式，律詩同）。

平平平仄仄，仄仄仄平平（韻）仄仄平平仄，平平仄仄平（韻）。

㈢五絕首句押韻平起式：

仄仄仄平平（韻）平平仄仄平（韻）平平平仄仄，仄仄仄平平（韻）。

㈣五絕首句押韻仄起式。

平平仄仄平（韻），仄仄仄平平（韻），仄仄平平仄，平平仄仄平（韻）。

次說五言律詩運用平仄的定格如下。

㈠五律首句不押韻的平起式：

仄仄平平仄，平平仄仄平（韻），平平平仄仄，仄仄仄平平（韻），仄仄平平仄，平平仄仄平（韻），平平平仄仄，仄仄仄平平（韻）。

㈡五律首句不押韻的仄起式。

平平平仄仄，仄仄仄平平（韻），仄仄平平仄，平平仄仄平（韻）。平平平仄仄，仄仄仄平平（韻）仄仄平平仄，平平仄仄平（韻）。

㈢五律首句押韻的平起式：

仄仄仄平平（韻），平平仄仄平（韻），平平平仄仄，仄仄仄平平（韻）仄仄平平仄，平平仄仄平（韻），平平平仄仄，仄仄仄平平（韻）。

㈣五律首句押韻的仄起式：

平平仄仄平（韻）仄仄仄平平（韻）仄仄平平仄，平平仄仄平（韻），平平平仄仄，仄仄仄平平（韻）仄仄平平仄，平平仄仄平（韻）。

第三說七言絕句運用平仄的定格如下：

㈠七絕首句不押韻的平起式（無論七言絕句或七言律詩，凡首句第六字爲平聲者稱平起式，第六字爲仄聲者，稱仄起式）。

平平仄仄平平仄，仄仄平平仄仄平（韻），仄仄平平平仄仄，平平仄仄仄平平（韻）。

㈡七絕首句不押韻的仄起式：

仄仄平平平仄仄，平平仄仄仄平平（韻）。平平仄仄平平仄，仄仄平平仄仄平（韻）。

㈢七絕首句押韻的平起式。

平平仄仄仄平平（韻），仄仄平平仄仄平（韻），仄仄平平平仄仄，平平仄仄仄平平（韻）。

㈣七絕首句押韻的仄起式：

仄仄平平仄仄平（韻）平平仄仄仄平平（韻），平平仄仄平平仄，仄仄平平仄仄平（韻）。

第四說七言律詩運用平仄的定格如下：

㈠七律首句押韻的平起式（若首句不押韻，則改爲爲平平仄仄平平仄，餘同）。

平平仄仄仄平平（韻），仄仄平平仄仄平（韻），仄仄平平平仄仄，平平仄仄仄平平（韻）。平平仄仄平平仄，仄仄平平仄仄平（韻）。仄仄平平平仄仄，平平仄仄仄平平（韻）。

㈡七律首句押韻的仄起式（若首句不押韻，則改仄仄平平平仄仄，餘同）。

仄仄平平仄仄平（韻），平平仄仄仄平平（韻），平平仄仄平平仄，仄仄平平仄仄平（韻），仄仄平平平仄仄，平平仄仄仄平平（韻），平平仄仄平平仄，仄仄平平仄仄平（韻）。

詩用韻之嚴，起於唐人，故唐詩中，除古風外，其他如五、七言律詩和絕句，均得按上述標準，調配平仄。但唐人詩中，也非每首均能合乎上述標準者，於是唐人又稱不合乎標準調配平仄之詩，爲抝體詩，或稱天籟。以其詩句自然大雅，風格流暢，不須用人工雕鑿，故其間雖有少數字平仄不合，也不予更改，以求强合，藉免斲傷淋漓盡致之神韻。但仍有一個最基本要求，這是「切韻指南」上所記載的，卽「一三五不論，二四六分明」，亦卽指七言詩，如遇有若天籟式的自然詞語時，每句第一第三第五字，可平可仄，第二第四第六字，則不可以改變。至第七字、爲句末最後字，用平用仄，必須依韻脚定格安排。此節僅爲予初學者以方便，幸勿以此自便，使詩體失眞。

由於本章寫作已過長，未能引用前人所作各體詩實例，以爲證解，此項缺點，如將來有機會時，當另行論述之。

六、通轉恊押與戒限

南朝沈約，爲浙之吳興人，首作四聲譜，分平聲爲三十韻，其中所謂上下平聲各爲十五，亦卽陰平陽平各十五韻，其餘則爲屬於上聲韻者二十九，屬於去聲韻者三十、屬於入聲韻者十七。當今書肆所流行之詩韻集成，詩韻合璧，詩韻全壁等，卽本此原則篇成，並成爲今人寫近體詩用韻的基本準據。

雖然，現在習用各字，皆依平上去入音節，歸納於各韻目內，似乎限制頗嚴，但寫作古詩時，則定有「通」「轉」用韻之便，乃使叶韻尺度，仍較寬泛，致寫作容易。

何謂通與轉呢？所謂「通」：卽作詩用韻時如覺叶押困難，卽就前句所押之韻音節，另用相同音節其他韻目內之韻，此卽謂之「通」。但如所通用之韻，非本音節接近之韻時，則謂之『轉』。是以通韻，乃指音節相同者也。例爲東、多之韻，音節相同，故可互通。庚、青、蒸之韻，亦可以互通等是。致於轉者，卽聲韻轉變後，而相互通用。如東韻轉江韻、支韻、再轉佳韻之類，餘類推。

聲韻之通轉，卽所以救沈約所定各韻之窮。何以故？蓋沈約當初之分韻，究否完全合乎字音之精微，値得我們考量。良以字由音定，音本自然，故曰天籟。我們看秦漢以前學者們所作詩歌，或者民間自然的歌謠，文詞悉皆流暢，雖未斤斤調配音韻，而音韻雅達貼切。自沈約四聲譜流行後，欲藉人工雕嵌凑配，以求合乎天籟，則不啻緣木以求魚，當然比較艱窘。誠如顧亭林氏所云：「休文作聲譜，不能上據雅南，旁摭騷子，以成不刋之典，而僅按班張以下諸人之賦，曹劉以下諸人之詩所用之音，撰爲定本，於是今音行而古音亡」矣。顧氏之言，雖不兔於苛責，但亦大體近之。

唐宋以來，一般寫詩用韻習慣，如詩體爲古風，爲歌行，則通聲轉韻，前人寫作已多，自無不當。如作絕律，則押韻祇能就一韻目內選擇採用，否則卽爲非韻，犯詩家大忌。

茲就絕律押韻所應注意，與用字所應避免，及作詩禁忌等問題，酌提數點意見如下。

㈠出韻：作近體詩的押韻，只限於集韻上各韻目內所列者選用，絕不能同聲通押。例如作一首絕句（律詩同）皆東韻，則不能有一字押冬韻，否則卽爲出韻，亦稱落韻。

㈡重韻：無論任何一首詩的押韻，凡已押過者，決不能再用，如再用則不僅含意重複，且使詩之雅達減色，必無人欣償。

㈢湊韻：所謂湊韻，亦稱栽韻，卽所押之韻，與詩之全句意義，毫無自然關連，而予勉强湊合而成者，於是使詩之雅趣、神韻盡失。如果初學者，對押韻毫無靈活運用技巧時，則可先從備押之韻的字意，想像出它的關連境界，再練成句，予以押之。例如：「月是故鄉明」一語，其中明字爲韻，此一明字，與故鄉兩字，可說毫無瓜葛牽連；但作者先從明，想到月光明爽，由月光明爽，再想到故鄉，最後將明月與故鄉連綴起來，而成此五字，不僅情景配合恰當，韻押得妥貼，且成句雄健可法，值得研習。

㈣啞韻：詩以音調鏗鏘爲高雅，所以詩學作者們用韻，多歡喜用平聲，因其悠揚有致。但唐人絕句中，間或有用仄韻者，如能運用得高超健朗，無晦澀氣氛，亦值得稱許。惟用仄韻能達到此境界，則非具有雄健詩才及能靈活配當的文詞者不爲功。蓋用韻不當，卽成爲啞韻，則全功舉廢矣。

㈤疊韻：亦稱疊音。宋史謝靈運傳有云：「夫五色相宣，八音協暢，由之元黃律呂，各適其宜。欲使宮羽相變，低昂互節，若前有浮聲，後須切響，一簡之內，音韻盡殊，兩句之中，輕重悉異，妙達此旨，始可言文」。詳研其意，不外乎運用，各以單音相互連綴，避免同音字連貫成句，則稱高妙。如一句詩內有兩字同音，而且連結在一起，卽爲疊音，作詩時，務須避開，所謂疊音，卽連錢、聯翩、寒蟬、浮舟、蕭曹、行經、邊烟等是。但杜子美作詩，有時特別喜歡用疊韻音，以增聲調美。惟以其詩才貫通天人，長於神明變化，故能優於爲之，他人似難望其項背，允宜少用爲佳。

㈥平頭：卽詩之前句上兩字和後句上兩字同爲一聲者，如古詩中：「今日良晏會，歡樂難具陳」兩語，其中今歡兩字，同爲平聲，日樂兩字，同爲入聲，卽爲平頭，宜予避免。

㈦上尾：詩之前兩句尾字與後兩句尾字，都用平聲，而韻目各異，如古詩中：「西北有高樓，上與浮雲齊」。樓與齊兩字，同爲平聲，但韻目不同，卽爲上尾，犯詩格忌諱。

㈧蜂腰：五言詩，如第一、二、四、五字皆濁音，第三字爲清音，則爲兩頭大，中間小，好像黃蜂的腰部一樣，如張衡詩：「邂逅承際會」一語，承字爲清音，餘四字則爲濁音，卽爲蜂腰者是。

㈨鶴腿：五言詩的一、二、四、五字皆清音，中間第三字爲濁音，則頭小中間大，好像白鶴的腿部特別長一樣，如傅玄詩：「徽音貫青雲」，貫字爲濁音，餘皆清音，卽類似鶴腿者是。

㈩絕句四忌：

1.可加可減，如五絕每句加兩字則成七絕，七絕每句減兩字，則成五絕者，一忌也。

2.可多可少，如一意可寫成四句，四句寫成後仍爲一意者，二忌也。

3.可彼可此：如詩題爲詠桃，但依其內容，亦可用於詠梅上。詩題爲詠山水，如改爲詠風月，也無大碍，三忌也。

4.可上可下：如第一句和第四句，平仄完全相同，假使命意無層次，而上下句可以互易，四忌也。

㈩㈠律詩四醜：

1.不工：作律詩首重對仗，如對仗差池，就是不工，一醜也。

2.不貫：律詩第一、二句爲起句，亦稱發句。第三、四句爲承句，亦稱頷聯。第五、六句爲轉句，亦稱頸聯。第七、八句爲合句，亦稱落句。如其內容不能圓融貫通爲一體，而勉强雜湊成句成詩，就是不貫，二醜也。

3.不自然：在作詩時，如過分重視詩中對仗，忽略前後句，使之生硬豆裂，就是不自然，三醜也。

4.不典雅：練句不精，陳腔濫調，雜亂敷塞，就是不典雅，四醜也。

㈢作詩五戒：一戒語涉譏誚。二戒過分溢美。三戒淺浮鄙俗，四戒纖艷狎褻。五戒抄襲剽竊。

總之詩爲綴字成句，積句成篇，所以在用字、聯句、謀篇之際，必須運用高度智慧，豐富感情，淵博學養爲之。

七、寫作要領

一個初學作詩的人，如將前面各段所介紹諸問題，能有所瞭然，再來從事詩的寫作，就可以登堂入室，直窺詩的堂奧了。也等於撥開了週天的雲霧，要見到清天，就不困難了。

作詩以抒寫感情爲第一要義。感情包括思想、見解、抱負、興趣、際遇、以及喜、怒、哀、樂等。所謂：詩言志，歌永言者，就是指一位詩人，依情感正常變化，抒發個人心聲，而能藏之名山，傳之永恒者是。

有人說：茫茫宇宙，浩瀚人海，所見所聞，無一非情，而情之散發，決不僅限於家人父子，諸姑姊妹，鄉黨朋友，與夫社會上日常交往等。舉凡人與人任何接觸，人與宇宙內大自然氣候、包括雷、雨、風、雲、山、川、草、木、乃至動靜狀態等，無一不可以由感而生情，由情而形之於紙筆，託之於吟詠，以發散個人的幽思，消胸中的塊壘。例如唐李白有：「明月出天山，蒼茫雲海間，長風幾萬里，吹度玉門關」。這一首詩，卽爲有感而發。由此可以引導我們寫詩趣味，與琢磨寫詩題材，觸類旁通，使情感勃發，詩思如湧泉噴出，則自可信手拈來，皆成佳構。

其次爲寫景，人之一生，所有經歷，不知凡幾。亦如風雲變幻，氣象萬千，春花秋月，嬌艷清輝，怒海晴峰，壯濶高華，綠野翠林，清新凝碧等等，皆具有詩情畫意，也皆活生生浮託出寫詩豐富題材。我們看杜甫的：「風急天高猿嘯哀，渚清沙白鳥飛廻，無邊落木蕭蕭下，不盡長江滾滾來……」，這就是寫景詩最標準的範例。具體言之，天地間景物，滿眼皆是，詩材無時無之，無處無之，祇要稍加留心，俯拾皆是，因此引景入詩，着筆卽成。

第三爲說理：本來詩之寫作，以不涉奧理，不落言詮爲佳。但如有大手筆，偶亦爲之，亦未可厚非。例如：杜甫的麗人行，全篇悉採用理論性的白描手法寫成，每句用韻，義理緊凑，構想假託深遠，值得人們由衷讚許。至於宋人程頤、程灝、邵康節、朱晦翁等爲詩，高談哲理性命之學，則距詩之正常寫作途徑遠矣。本節所談寫詩說理者，良以人類理性與事物，散之則瀰六合，聚之則存乎一心，如以之入詩，使能曲盡理性與事物眞象，以引起人們共嗚，又有何不可呢？

當然，詩以溫柔敦厚，熱切和平、令人感興爲最高原則，故寫詩時，在情理與景物之中，必須蘊藏厚道含蓄之宗旨，因此學詩者秉持須正，立志須高，此點特別重要。

一般人說法：「熟讀唐詩三百首，不會吟詩也會吟」。具體言之，我們要研習作詩，先必須多讀詩，其次多作練習，第三善擇題材。備此三者，則神思自照敏捷，情趣自然充沛，佳句自然產生。

現在來談詩中虛實字用法與句法

㈠虛字用法：舉例如下，「山光悅鳥性，潭影空人心」。「錦江春色來天地，玉壘浮雲變古今」。其中悅，空、來、變四字爲虛，也爲詩句組成連結字，絕不可少。如用得恰當，則有如魚水之相依，如果用得不恰當，則又俗不可耐。而當與不當，惟於學力上見工夫。

㈡實字用法：亦舉兩例如下：「明月松間照，清泉石上流」。「朝登劍閣雲隨馬，夜渡巴江雨洗兵」。其中松、石、雲、雨四字爲實字，也屬於連結字。以實字用作詩句中連結詞，非具有雄厚詩才，學養，不易達到。初學詩的人，切宜少用，以免弄巧反拙，貽人笑柄。

再談句法

句法爲詩句組成第一要素，無論五言和七言詩，其中句法安排，變化頗大。初學詩的人，其組成的詩句，如爲五言，則可能爲上三字下二字，如爲七言，則可能爲上四字下三字，此爲慣常現象。但老於此道的人，則變化無定，以求詩句俊峭、雄健，傳世不朽。玆舉例說明如下：

㈠上三下三字句法：如「清新、庾開府、俊逸、鮑參軍」，卽爲箇中翹楚。

㈡上二中二下一字句法：如「鷄聲、茅店、月，人跡、板橋、霜」，不僅句法雄健、且富有峭、陡感。

㈢上二中一下二字句法，如「吳山、遲、海月，楚火、照、江流」，語句固然奇突，含意尤多深遠。

㈣上四下一字句法：如「暮色千里、入，春風百草、香」，詞句如此組成，實予人以筆力千鈞之感。

㈤上一下四字句法：如「青、惜峯巒過，黃、知橘柚來」，如此成句，非胸有萬卷詩書，何能寫得出來。

㈥上四下三字句法：如「疎影橫斜、水清淺，暗香浮動、月黃昏」，此確爲一般詩人常用練句法，但本詩則係千古不朽名句。

㈦上二下五字句法：如「清水、遠從千澗落，玉山、高並兩峰寒」，像這樣上輕下重倒裝句法，如無數十年寫詩火候，將不可能寫出。

㈧上五下二字句法：如「蒼波萬古流、不盡，白鳥雙飛意、自閒」。此等句法組成，雖較前者爲易，但學養不深者，仍無法做到。

㈨上一中三下三字句法：如「花、迎劍珮、星初露，柳、拂旌旗、露未乾」，這種句法，更不易練。因爲此句第一字爲花字，實係單字，第二迎字，用在此處爲虛字，亦係單詞，與劍珮二字毫不相干，第五星字，亦係單詞，與六、七初露兩字，也無直接關連，但作者以熟練技巧及高深學養，將其配合成句，且天衣無縫，確爲不容易。

㈩上二中二下三字句法：爲「雲散、月明、誰點綴、天容、海色、本澄清」，此係以空靈剔透手法，描寫眼見景物，句法高妙，值得研習。

⑪上三中一下三字句法：如「東澗水、流、西澗水、南山雲、過、北山雲」，此類句法，如學能淵博，或對邏輯學有特別研究者，則研習較易。

八、結　論

我們是一個詩學源遠流長而且研究宏富的優秀民族，三千多年來，在成詩雄偉、浩瀚、瑰瑋、壯麗的震撼下，培育了諸多忠愛國家民族的詩人，也產生了諸多風雅高曠的詩學大家，當然也裁成了不少以詩名世的淑世名媛。

由於詩可以鼓舞人們表達內心志節，情操，及抒發人們雅趣精神，因此從事詩學練習時，在措詞方面，必須避免用俗字，用俗意、用俗韻、乃至體例俗、句法組成俗，以湊成俗氣一團，進而俗不可耐，那就使詩學蒙羞了。滄浪詩話有云：「學詩先除五俗」、卽係指此而言的。

爲昌明詩教，振奮人心，所以特別呼籲，我們要儘力向韻文學中的詩學研習，以期人皆可以欣賞詩，可以作詩，來涵泳我們泱泱大度的民族性，使人人敦厚儒雅，人人奮發忠愛國家精神，以期光大歷史文化，與推動國家運轉巨輪，向無窮無盡的前途邁進。

杜甫生平及其詩學研究

汭陽胡豈凡著

第一章 身世

杜甫，字子美，唐之襄陽人（今湖北省襄陽縣）。以其遠祖，晋鎭南大將軍，當陽縣侯杜預，世居杜陵，故自號杜陵布衣。又以天寶五年至天寶十三年間，淹留京師，居住於杜陵之西、少陵，復以少陵野老自稱之，且行之於詩文。例如：他的哀江南詩有云：「少陵野老呑聲哭，春日潛行曲江曲」。及進西嶽賦表中有云：「臣本杜陵諸生」者是。唐以後文人學者，爲尊崇先賢，在爲文中，如有提及杜公者，則另以杜拾遺和杜工部稱之而不名。此蓋公在唐肅宗朝，曾受爵爲左拾遺，與爾後並由黃門侍郎鄭國公嚴武，於鎭成都時，奏請爲節度參謀檢校尙書工部員外郎之故。

公生於唐睿宗先天元年（西元七一二年），他的曾祖依藝公，晚年作鞏縣令，祖父審言公，當武后臨朝時代，任爲修文館學士及膳部員外郎，以詩文名於時，與當時負有盛名之李嶠、崔融、蘇味道等，共稱文壇四友。父諱閑，亦出任過兗州司馬及奉天縣令。世代書香，門第清越。公生長在書卷氣氛濃郁的環境裡，從小就沐浴在詩文交織中，寢饋於是，遂很自然的酷好詩書，與勤習詩書，乃成爲一代詩聖，而永傳不朽。

當公尚在稚齡時期，慈母見背，幸賴姑母一面撫育，一面課讀。故公於六、七歲時，卽已致力詩文的寫作，具有較高成就。例如：在大歷中，公居夔州時，所作壯遊詩，有「往昔十四五，出遊翰墨場。斯文崔魏徒，以我似班揚。七齡思卽壯，開口詠鳳凰。九齡書大字，有作成一囊」。就此詩而言，公眞爲具有宿慧者，七齡卽能出口成詩，九齡並能揮毫寫大字，曠觀自三代（夏商周）以來，確爲少見。而且到了十四、五歲時，已飽讀經史，博覽羣書，遂經綸滿腹。當時許多俊彥，都折節下交，如前詩所指之崔魏，卽爲如此。因崔爲崔尚，武后久視二年進士，曾任鄭州刺史，文才華茂。魏是魏啓心，中宗神龍三年進士，早任豫州刺史，有才名。崔魏兩人，不僅爲文壇重鎭，士林泰斗，抑且年長於公三、四十歲，竟與訂交，且以班固揚雄目之，可以看出公在崔魏兩人心目中的分量來。

弱冠，南遊吳越，此爲江南勝地，物產富饒，風光嬌美，紅綠交翠，青蒼滿天，垂楊拂地，柳絮舞風，水浪細細，荷田團團，而王謝流風，吳越霸業，杜公當此，乃豪興大發，於是：「東下姑蘇台，已具浮海航，到今有遺恨，不得窮扶桑。王謝風流遠，闔閭邱墓荒。劍池石壁仄，長洲荷芰香。」的觸景生情，因情而意志風發，而舉筆吟哦。又云：「枕戈憶勾踐，渡浙想秦皇。越女天下白，鏡湖五月涼。剡溪蘊秀異，欲罷不能忘。」更於是而到姑蘇，上闔閭之高台，臨虎邱，弔霸業之凋殘，探劍池，尋魚藏神劍之在否？到若耶，訪西施之故居。但豪士紅顏，兩成塵土，王謝遺響，十九皆虛，寶劍陸沉，池水悠悠。

當開元二十三年，爲了參加仕宦初步的考驗，所以離開吳越，經天姥山，過天台山，返故園，以先參加鄉貢考試。在獲捷之後，第二年到京師，再參加戶部主辦的貢舉。在未試之前，公以博學，自問可以青錢萬選，取青紫如拾草芥。但考試結果，竟名落孫山。這一意外打擊，可以說，對公心理上的衝撞太大了，使之恨恨難平。因此在壯遊詩裡，特別提到：「歸帆拂天姥，中歲貢舊鄉。氣劘屈賈壘，日短曹劉牆。忤下考功第，獨辭京尹堂。」在這短短的詩詞裡，已充分說出了他的詩文，可以和屈原、賈誼相頡頏，更過於曹植及劉楨，於唐之世，應可大魁天下，誰知連普通進士都未得到。落第之後，京師已不可留，乃買棹歸里，折節讀書，如此而不涉外事者約五年之久。

迨至開元二十九年，公離家至東都，再轉齊魯，也卽是先到洛陽，週旋親友，把臂放歌抵掌暢談。在這段最有意義的歲月裡，也就是他一生豪情壯志最奔放的階段，身在壯年，體能充沛，學貫古今，才慧明敏，飛觴吟詠，著筆立就。因此他氣呑河朔，志凌雲天。此點，從他的壯遊詩裡，可以窺知。所謂：「放蕩齊趙間，裘馬頗清狂，春歌叢臺上，冬獵青丘旁。呼鷹皁櫪林，逐獸雲雪岡。射飛曾縱鞚，引臂落鶖鶬。蘇侯據鞍喜，忽如携葛强。」

依據歷史的考證，公於此時，離東都，徘徊齊魯燕趙間，約爲自開元二十九年到天寶四年。耗費歲月，大約五、六年。在這一不算短的日子裡，首先路遇名滿天下，並被賀知章稱頌爲「天上謫仙人」的李白。按李白風流放誕，才氣橫溢，於任翰林時期，深獲唐玄宗賞識，乃有龍中拭沫，御手調羹，楊貴妃捧硯，高力士脫靴的軼事傳聞擧國間。但終因恃才笑傲於公卿間，招至衆忌而離開京師，漫遊齊魯，竟與公邂逅，而彼此大喜過望，遂相偕旅遊。雖然他們的身份，一爲去職的翰林，一爲落第的白丁，一爲目無王侯的清流，一爲恪守本分的寒士。但以彼此同爲詩學的愛好者，而且彼此都能把盞高吟，各有奇韻流出，而共同把玩，共同欽賞，因此彼此的文采風流，融滙成爲聲應氣求，而欣欣相交，滄然相惜了。

更使這兩位人中英豪快慰的，是在不久後的偶然機會裡，又遇着了在詩壇上已嶄露頭角的高適。適字達夫，爲渤海郡（今河北省滄縣）人，少年時代，不務仕進，治詩學以氣質爲勝，受當時宋州刺史張九皐的推荐，得中高第。爾後因緣時會，曾任成都尹，劍南西川節度使，召爲刑部侍郎，轉散騎常侍，加銀青光祿大夫，進封渤海縣侯等。

在遇合李白與高適後，三人意氣相投，於是或相偕併轡馳騁，或置酒高會，或吟風弄月，或跌宕林泉，歡忻愉悅之情，匪可言宣。公爾後曾有詩以紀其盛。如：「昔我與高李，晚登單父台。寒蕪際碣石，萬里風雲來。桑柘葉如雨，飛藿共徘徊。」又云：「邑中九萬家，高棟照通衢，舟車半天下，主客多歡娛。白刄讎不義，黃金傾有無。殺人紅塵裡，報答在斯須。憶與高李輩，論交入酒壚。兩公壯藻思，得我色敷腴。氣酣登吹台，懷古視平蕪。芒碭雲一去，雁鶩空相呼」。以上前者爲摘錄昔遊，後者摘錄遺懷等兩詩。其中言及與高李友情和遊樂，歡娛情況，以及當地富庶繁榮等，均躍然紙上，啓人悠然嚮往之念。李白以後在梁園吟的詩裡，也曾記述當時遊樂景況。他寫到：「我浮黃河去京闕，挂席欲進波連山。天長水濶厭遠涉，訪古始及平台間。平台爲客憂思多，對酒遂作梁園歌。卻憶蓬池阮公詠，因吟淥水揚洪波，洪波浩蕩迷舊國，路遠西歸安可得。」李白的寫法，雖也暢談遊旅留連概況，但他是不得意官場，對當時讀書人共同徵逐的功利榮華，已有曾經滄海之感，故於旅途所見古蹟勝境，難抑內心裡的無盡感慨。但在杜公的心緒裡，則大異其趣，除了前面摘述的「昔遊」與「遺懷」兩詩，已可看出與李白的情懷，絕不相得外。玆再摘述寄李十二白二十韻部份詩句，可以更見一斑。詩曰：「昔年有狂客，號爾謫仙人。筆落驚風雨，詩成泣鬼神。聲名從此大，汩沒一朝伸。文彩承殊渥，流傳必絕倫。龍舟移棹晚，獸錦奪袍新。白日來深殿，青雲滿後塵。乞歸優詔許，遇我夙心親。未負幽棲志，兼全寵辱身。劇談憐野逸，嗜酒見天眞。醉舞梁園夜，行歌泗水春。才高心不展，道屈善無鄰。處士禰衡後，諸生原憲貧。稻粱謀未足，薏苡謗何頻」。在這些詩意裡，一面讚許李白天才高妙，詩文可驚神泣鬼，振動風雲，且文彩優渥，流傳絕俗。一面則提及移棹遨放，寵辱皆忘，野性逸情，醉舞歡歌。致於稻粱涉謀，薏苡興謗，斯又意在言外了。

農業時代，經濟與物資，兩皆貧弱，人們日常生活，大都不盡豐裕。在「天子重英豪」與「惟有讀書高」的風尚感染下的讀書人，大家都盡心力於十年寒窗，以冀一舉而揚名天下。杜公雖博學多識，詩才浩瀚，且一度鍛羽科場，倍受挫折。但對南宮折挂，泮水遊翔，仍堅具信心。其最大願望，即爲將所學，貢獻於國家。所以在天寶五年的秋天，於齊魯宋趙間倦遊之後，西去長安，以冀獲致可望機會。惜以當時宰相李林甫，蔽塞賢路，雖在唐玄宗下詔徵選天下才士，告以凡能通一藝者，就可詣京師應試情勢下，參予策試，仍未能獲雋，使公再次受挫。因此他在壯遊詩裡，這樣的寫道：「快意八九年，西歸到咸陽，許與必詞伯，賞游實賢王。曳裾置醴地，奉賦入明光。天子廢食召，羣公會軒裳。脫身無所愛，痛飲信行藏，黑貂寧免敝，斑鬢兀稱觴。」從這段高吟裡，很明白的寫出了，自西來咸陽後，日與詞壇巨擘岑參，鄭虔等杯酒言歡，旅遊觴酬，有時也與汝陽王璡往還，且在汝陽王鼓勵下，於應策試被擯後，另研擬㈠太淸宮賦㈡享太廟賦㈢有事於南郊賦等三賦，在天寶十年，先後向玄宗進獻，玄宗覽之以爲奇，命公待制集賢院，召試文章。並將其有關資料，送隸銓衡官員，以參加候選序列。當時主持這一特考的人，爲宰相陳希烈，韋見素，和集賢院學士崔國輔、于休烈等人。舉行特考之日，儀典隆重，參觀者多爲集賢院賢士，公引爲奇遇。事後曾有詩紀其事：「男兒，生無所成頭皓白，牙齒欲落眞可惜。憶獻三賦蓬萊宮，自怪一日聲輝赫。集賢學士如堵牆，觀我落筆中書堂。往時文采動人主，此日飢寒趨路旁」。試後，復被宰相陳希烈所忌，未予重視，進仕當更無可能，至使公効力朝廷的積極願望付之東流。時乖命蹇，無以倫比，境遇如此，夫復何言。這一事況，可說是他一生中諸多不快意事件中的重點。

由於詩文求售無門，致君湯武的宿願難償，但長安也卽是京師，爲王侯將相爭逐名利場所，更是時代俊彥奮志青雲樞紐所在。是以杜公雖連遭頓挫，仍有所期待，故困心恒慮的安住下來，以冀他日運神高照，能擺脫藍衫而換紫袍。惟長安多豪富，且人烟輻輳，當然物資供應價格較高昂，生活不易。公出生於非富有家庭，儘管簪纓累代，而腰纏子虛，其居處艱難，饔飧不濟，自爲事理之常。固以他的祖父餘蔭，與外戚家的關係，得到一些照應，或者少許救助，但時日過久，誰也不願長施援手。所謂救困不救貧，仁者亦復爾爾，何況在勢力表露最敏感的京城。因此他具詩韋濟左丞時，對這些情景及遭遇，寫得非常露骨。詩云：「紈袴不餓死，儒冠多誤身。丈人試靜聽，賤子請具陳，甫昔少年日，早充觀國賓。讀書破萬卷，下筆如有神。賦料揚雄敵，詩看子建親。李邕求識面，王翰願卜鄰。自謂頗挺出，立登要路津。致君堯舜上，再使風俗淳。此意竟蕭條，行歌非隱淪。騎驢三十載，旅食京華春。朝扣富兒門，暮隨肥馬塵。殘杯與冷炙，到處潛悲辛」。從這些詩中含意，可以了然於杜公少年時期的意志飛揚，弱冠後的上薄古人，並受到時賢的推愛，給予禮貌上的優容。且志大才高，襟懷浩渺，致君治國，直如反掌折枝。誰料三十歲而後，竟百無一成，偃蹇仕進，置身泥塗，不僅與飛黃凌雲絕緣，而且常在凍餒中渡其可憐歲月，英豪末路，千古同悲。

在窮愁潦倒中，遂身染沉痾，輾轉病榻，勉保餘身。其怨艾淒戚之情，與貧病交迫之身，感人肺腑。我們看公病後過王倚飲詩云：「且過王生慰疇昔，素知賤子甘貧賤。酷見凍餒不足恥，多病沈年苦無健。王生怪我顏色惡，答云伏枕艱難遍。瘧癘三秋孰可忍，寒熱百日交相戰。頭白眼暗坐有胝，肉黃皮皺命如線。惟生哀我未平復，爲我力致美肴膳。……但使殘年飽喫飯，只願無事長相見」。一代詩聖，竟爲一飯，而感激零涕，竟因病苦而豪情消磨，任何人如有此遭遇，均將爲之氣結。

到了天寶十三年，玄宗皇帝要封西嶽，消息傳出，杜公的上進之心，又爲之活躍起來。於是又進封西嶽賦，並在進賦的表章上，强調維嶽峻極，天子聖明，國富民安，符瑞交至。己則爲長安一匹夫，嘗困於衣食，無補時用，日夜憂迫，不知何以上答聖恩，特奉表進賦。但賦上以後，仍未荷帝眷顧，內心之失望與懊喪，無所底止。

此後不久，再進雕賦，並於進表章上，先提家世，尤提及他的遠祖、杜恕、杜預以降，奉儒守官，未墜先緒。祖父故尙書膳部員外郎審言，修文於中宗之朝，高視於藏書之府，天下學士，到於今而師之。再道及自己，從七歲起綴詩筆，已歷經四十年，成詩千餘篇，但至今竟衣不蔽體，且寄食於人，如明主念先祖舊績，拔之泥塗，賜以仕進，則揚雄枚臯之流，可望跂及。表上後，獲致賞賜，先詔飭就河西尉，以官位卑微，更要遷居，亦缺乏盤纏，不得已，祇好婉謝。另奉改派右衞率府胄曹參軍，遂欣然就職。迨官職確定並就位後，曾有詩紀其事。「不作河西尉，凄涼爲折腰，老夫怕趨走，率府且逍遙，耽酒須微祿，狂歌託聖朝。故山歸興盡，回首向風飈。」在這首詩中，對辭謝河西尉，與就率府胄曹參軍事，有明白的敍述。但因多年的困阨，倍嚐人生苦辛，使身體健康大減，頭髮也轉蒼黃，一幅龍鍾老態狀貌，從此在詩文裡，就常以老夫自稱了。雖說年僅四十多歲，就目前來說，尙在壯年，但杜公因中年營養失調，飽受饑凍，故而在外貌上表象，自認已垂垂進入晚年，尤以白頭出仕，已意趣落寞，無復早年「會當凌絕頂，一覽羣山小」的豪情壯志了。

在非常艱苦的情實下，獲得了一個並不太重要的官職，也有了固定的官俸的收入，愁困的狀況，總算稍獲改善。但好景不常，未有幾個月，安祿山據平盧、范陽、河東等三鎭，背叛朝廷，造起反來。此時，由於承平日久，武備鬆弛，將士無禦敵決心，兵卒有逃亡意識。因此安祿山率叛逆之衆，於天寶十四年十一月攻陷河北諸郡，十二月據東京，賊兵所至，官軍望風披靡，因此人心惶惶，朝野震動。杜公妻兒，原本隨住杜陵，但以京師物價，高於外縣市極多，日食難以爲繼。因此早就送往奉先親友處寄住，暫時維持衣食。

現值兵亂時期，未來境況，難以預卜，妻兒遠道寄食，安危無法了解。爲了照顧他們，並減免對親友的負累，於是請准省親事假，在冷厲的朔風與冷酷的寒氣交織而成的冰凍時節，杜公踏上了將近三百里的長途，他有五百字的長詩，來記述這一次艱苦的旅程，及其悲慘的際遇。玆摘錄幾段如下：「杜陵有布衣，老大意轉拙。許身一何愚，竊比稷與契。居然成濩落，白首甘契濶。」「兀兀遂至今，忍爲塵埃沒。終愧巢與由，未能易其節。沈飮聊自遣，放歌破愁絕。歲暮百草零，疾風高岡裂。天衢陰崢嶸，客子中夜發，霜嚴衣帶斷，指直不得結。」「行李相攀援，川廣不可越。老妻寄異縣，十口隔風雪。誰能久不顧，庶往共饑渴。入門聞號咷，幼子餓已殁。吾寧捨一哀，里巷亦嗚咽，所愧爲人父，無食致夭折。」詩中首敍身爲平民，謀生不易，加之遇會錯落無由一展抱負。雖年齡日漸老大，仍以稷與契自許，但因不合時宜，致爲世人所遺棄。儘管如此，仍對京師的眷戀，與翹企於未來，而又不知老之將至。一生勤勞，不忍沒沒無聞以終。好名與用世之心，有愧於巢由的遁世唯恐不及。而這種情節，始終不易改變。無已，祇好借酒澆愁，以聊自遣興。有時亦狂放高歌，來排遣歲月。今當歲律云暮，草木凋零，高岡上悲風怒號，山石爲裂。雲重天低，陰霾遍佈，夜闌人稀，四顧沉沉，淸冷淒絕，森寒凜冽。霜露所加諸於行旅的困窘，是衣帶的斷裂，和手指的僵硬，使振衣不易，結帶亦難。公以一身瘦骨，幾襲鶉衣，其步履的蹣跚，和行進的苦楚，不待言宣。眞是一段里程，無盡酸辛，一時奔波，萬般勞瘁。但妻老子幼，寄食他人，今値兵火，誰爲照拂，是以倍受冷凍，倍歷險阻，仍然奔馳而前，毫無躊躇及退避的考量。所謂『十口隔風雪』這一嚴重而又決不可能閃避的壓力，加在任何人肩上，都會產生巨大震撼。何況杜公一直生活在貧困與失意的雙重夾擊下，他的感受，自更與人不同。因此他雖歷盡千萬苦辛，也得前往共嚐饑渴。

當他吃夠了難於言傳的艱辛之後，到了奉先，走近了家門，照理說，與妻兒違隔很久，即將重逢，應該是欣快的，但事實將這稀有的欣快，都很吝色的兒予給他。因爲待他一踏進妻兒流寓處所的大門，就聽到哀痛的哭泣聲，令他震悚不堪！原來他的第三個孩子，在饑餓凍餒下，結束了可憐的小生命，這該是多麼令人痛心的事。尤其他是名學者，名詩人，名宦後裔，現在又是政府官員，居然無法照顧自己妻兒免於饑寒，且聽之因饑寒致死?!人間最大悲劇，那有過此者，他內心的淒慘和愧怍，確難於描摸。

到奉先的第二年，戰事一天比一天劇烈，也一天比一天迫近，基於安全，公祇好領導全家，包含兩子兩女胞弟杜占及妻等大家人口，向北面白水縣逃避。到白水後，喘息未定，賊兵緊迫，於是繼續北行，經華原，過坊州，到鄜州，這一現爲陝西省膚施縣的艱苦地方。地瘠民貧，賊兵裹足，乃暫時茅次土階的安頓下來。

天寶十五年六月，賦兵攻掠長安，玄宗幸蜀，兩月後，太子李亨卽位於靈武，改元至德。杜公在鄜州聽到了這一訊息，儘管窮愁潦倒，境遇艱苦已極，但他一向忠君愛國，獲知新君卽位，推知國事必大有可爲，乃束裝前往行在，沿途雖時遇艱險，生活又極困厄，行囊空虛，衣履破蔽，但在滿腔忠貞驅促下，排除了所有艱阻，先到長安。此際賊衆正盤據在長安一帶，且爲指揮中心所在，戰爭卽在這一帶週圍不出百里地區，激烈進行，賊衆每遇戰勝時，卽在長安城內，酗酒狂歌，並以弄刀舞劍湊趣，顛狂肆虐，到了極點。不論皇族子孫，或者普通平民，凡有不順眼者，就立予打殺，最輕者亦縱情虐待。杜公看在眼裡，痛在心裡，但又無可奈何，於是寫下了一首血淚交併的哀王孫古風。玆摘錄幾段如下：「長安城頭頭白烏，夜飛延秋門上呼。又向人家啄大屋，屋底達官走避胡。金鞭斷折九馬死，骨肉不得同馳驅。腰下寶玦青珊瑚，可憐王孫泣路隅。問之不肯道姓名，但道困苦乞爲奴。」「昨夜春風吹血腥，東來橐駝滿舊都。朔方健兒好身手，昔何勇銳今何愚。竊聞天子已傳位，聖德北服南單于。花門剺面請雪恥，愼勿出口他人狙。」詩中大意，卽喩叛賊安祿山攻佔長安城後，悖逆作爲，令人爲之髮指皆裂。頭白烏有靈，集聚城頭，預報哀音，以象徵反賊之必敗亡。但又涉及反賊於攻城之日，楊忠國、李林甫輩，身居高位，未盡一點守備責任，卽棄城逃亡。致於皇室，雖竭力抗戰，惜乎武器摧挫，良馬戰死，走避倉卒，使骨肉離散，皇家子孫，流落城隅，衣食不濟，乞爲奴隸。另一段，則寫叛賊搜盡御府珍藏，車運范陽，以滿足其貪念。而潼關守將哥舒翰，率領重兵，居然一戰被執後，卽以降賊。今幸新天子卽位，德威四溢，回紇首領，卽來朝貢，並剺面示信，以示永久修好。因此公特授意王孫，要謹言愼行，避免無故遭到殺害，以待復興之日的到來。其忠君愛國，期待驅逐叛逆之諄忱，活躍滿篇，使人從哀傷中獲得鼓舞。

翌年，卽至德二年五月，長安四週戰事漸趨沉寂。此際商旅行動，日漸增加，農人亦逐漸開始農耕，道路上行人日多，杜公看到有機可乘，乃雜入行旅中，離開長安。又聞肅宗已駐蹕鳳翔，遂利用各種有利時機，向鳳翔行進。沿途常與叛軍遭遇，時受盤詰；但杜公衣履破敗，面目憔悴，且以長期在饑餓線上掙扎，一身孱弱，行動艱苦，未受賊兵注意，故於旅途跋涉月餘後，勉强到達行在，而狼狽之狀，難於掩抑，故同僚見了，爲之扼腕。肅宗召見，既嘉其勇敢忠貞，復憫其病困窘迫。卽以拾遺官位任之，並略給賞賜，以資慰勉。

有關這一段經過概況，公在述懷詩裡，有所提及，特摘錄一段如下：「去年潼關破，妻子隔絕久。今夏草木長，脫身得西走。痲鞋見天子，衣袖露兩肘。朝廷愍生還，親故傷老醜。涕淚受拾遺，流離主恩厚」云云，可以見之。

迨長安由廣平王俶，與回紇可汗兒子葉護，會同郭子儀、李嗣業、王思禮，暨朔方兵馬使僕固懷恩等各領精兵，夾擊叛軍，幾悉予殲滅，賊將安守忠、李歸仁領殘餘賊衆逃竄，長安規復，肅宗車駕還京。杜公接妻兒子女移住京師，仍任左拾遺官職，忠勤職守，日勞於諫奏疏章，不知日之西墜。每週假日，則與詩人亦爲好友的賈至，岑參、王維等聚會吟哦，相互酬答，這一段日子，是他一生最爲安適、舒泰的日子。玆錄奉和賈至舍人早朝大明宮詩云：「五夜漏聲催曉箭，九重春色醉仙桃：旌旗日暖龍蛇動，宮殿風微燕雀高。朝罷香烟携滿袖，詩成珠玉有揮毫。欲知世掌絲綸美，池上於今有鳳毛。」就可獲到驗證。

詎料好景不常，當其任左拾遺不到一年，卽乾元元年六月間，奉命貶爲華州司功，這是公在過去曾上書營救宰相房琯事，被目爲房琯同黨所使然。當時遭同一事故被貶者，尚有國子監祭酒劉秩，貶閬州刺史，京兆少尹嚴武，貶巴州刺史。

公有弟四，曰潁，曰觀，曰豐，曰占。以占爲幼年，隨同一起生活，其餘諸弟，則各自爲活。由戰亂關係，彼此分散，不僅無由聚會，且信息亦不知曉，故常引爲念。曾有詩紀其事：「喪亂聞吾弟，飢寒傍濟州，人稀書不到，兵在見何由。憶昨狂催走，無時病去憂。卽今千種恨，誰共水東流」。這首詩，寫出了他對諸弟的友愛，與無盡的關懷，及因戰亂所給予兄弟們無法聚晤的痛苦。

到華州後，許久不落一滴雨。在唐時，甚至一直延續到唐以後迄明淸時代，以農業爲主的我國，尙談不上農田水利灌漑問題的有效解決，華州多山地，山邊與山坡上所開闢的梯田，除了寄望上天落雨外，別無任何水利予以灌漑。因此這些田，俗稱靠天田，如果連續三個月不落雨，則田中禾苗，將無一生成結實者。華州久無滴雨，田禾盡成枯槁，誠如公詩所云：「上天久無雨，無乃號令乖。雨降不濡物，良田起黃埃。飛鳥苦熱死，池魚涸其泥。萬人尙流沉，擧目惟蒿萊。」夏日如火，魚塘乾涸，田變黃塵，當地農民，相率流亡他鄉，以求稍解饑渴。公爲低級官員，本來薪俸微薄，此時地方無稅收，他的月俸，更爲減少。在米似珍珠薪如桂蘭情形下，他慨然而生：「平生獨往還，惆悵年半百，罷官亦由人，何事拘形役」的關念。本來他稍早些時，曾有：「靑紫雖被體，不如早還鄕」的構想。後鑒於兵燹戰火，四處燃燒。又基於暫時求生想法，於是棄去官職，率同妻兒，去到當時農產品較爲豐收的秦州，並臨時借住在慧音山傍的南郭寺，他並有詩：「山頭南郭寺，水號北流泉，老樹空庭得，清渠一邑傳」以紀其事。到秦州數月，雖物價較低，生活較易，但他是一個無力從事農耕的人，其他可以勝任的事，又不易找到，坐吃山空，何況他本無積蓄。因此他想到好友嚴武，稍早被貶爲巴州刺史。想巴州爲天府之國，無論求食圖職，可能容易。

當經過深長考量後，乃毅然向巴州走去。但蜀道天險，高山峻嶺，陡壁峭坡，蠶叢鳥道，行旅望而畏之。與公同時且爲好友的李太白曾有「蜀道難」古風，以紀其實。白寫道：「噫吁嚱，危乎高哉！蜀道之難難於上青天。……上有六龍回日之高標，下有衝波逆折之回川。黃鶴之飛尚不過，猿猱欲渡愁攀緣。青泥何盤盤，百步九折縈巖巒。……連峯去天不盈尺，枯松倒桂倚絕壁。飛湍瀑流爭喧豗，砯崖轉石萬壑雷。其險也若此，嗟爾遠道之人胡爲乎來哉……。」在摘錄的這些詩句裡，可以充份看出蜀道之艱險，鳥難飛渡，猿猱發愁。但杜公基於求生理念，不計其任何道路艱險，鼓勇而前，終於克服「清江下龍門，絕壁無尺土」。「危途中縈盤，仰望垂線縷。」「征衣颯飄颻，急流鴇鷁散」。「一夫怒臨關，百萬未可傍」。「自古有羈旅，我何苦哀傷。」等等，而於數十天經歷了無數的險巇和奔波之後，平安的到達了成都，這是乾元二年年底的事。公於秦蜀道中，作詩十餘首，當於另章擇要評述。

巴蜀向以物產富饒著稱，成都則是巴蜀精華所在，有廣大的平原，與富厚的農產品，加上一年四季溫暖得像春天的季候，及和平易處的人情風俗，作稻粱之謀，較爲容易，杜公乃安定了下來。

幸好，老友裴冕爲成都府尹，故交嚴武長巴州，詩人兼知友高適長彭州，在這些友人協助下，正式覓定在成都西郊，萬里橋外，百花潭側，浣花溪畔，興建草堂，作爲抱膝長吟及安居妻兒子女地方。（西郊草堂，此後一直成爲成都名勝地區，迄我政府離開大陸時期皆然）公於堂成，曾有詩：「背郭堂成蔭白茅，緣江路熟俯青郊。榿林礙日吟風葉，籠竹和烟滴露梢。暫止飛鳥將數子，頻來語燕定新巢。旁人錯比揚雄宅，懶惰無心作解嘲」。這一首詩，對草堂週圍景物，寫得極爲明爽。也談到語燕築新巢，是兼及草堂的內景清晰開朗，有差堪自慰的深意在。

此後兩三年內，則悉心經營草堂，改良景觀，期以達到賞心悅目境界，在其向當地政府官員，紳著，故舊等，索桃樹、綿竹、榿木、松樹、紫籐、丁香、麗春、梔子以及各類菓樹等栽種，可以知之。例如：他的詩，有致蕭八明府實處覓桃栽，從韋二明府處覓綿竹，何十一少府邕覓榿木，韋少府班覓松樹子，詣徐卿覓菓栽等，足可證實公於致力草堂四週景物種植，費盡了不少心血，也改變了當地景物，因此長有客人前來觀光。就公寘至七律裡，即可了然。「幽棲地僻經過少，老病人扶再拜難。豈有文章驚海內，漫勞車馬駐江干。竟日淹留佳客坐，百年粗糲腐儒餐，不嫌野外無供給，乘興還來看藥欄。」詩中强調來往觀賞景物客人，車馬留駐江邊，即百花潭側的浣花溪畔，竟日留連不去，而且主人好客，還呼籲人們乘興而來的看欄杆內的藥花呢。

迨至代宗卽位，改元寶應，公仍居草堂。後因西川兵馬使徐知道反，而走梓州以避其鋒。迄廣德元年，奉召補京兆功曹，但以道阻且長，無法赴任。翌年，嚴武再以黃門侍郎鄭國公西川節度使鎭蜀，邀公入幕，上表發爲節度參謀、檢校尙書工部員外郎，賜緋魚袋（官階爲從六品）。在到村一詩裡。寫下：「老去參戎幕，歸來散馬蹄。稻粱須就列，榛草卽相迷。蓄積思江漢，疏頑惑町畦，暫酬知己分，還入故林棲」。與遣悶呈嚴公二十韻裡，有：「胡爲來幕下，祇合在舟中，黃卷眞如律，青袍也自公。」卽可明瞭公此時之任職嚴武幕中，純爲生活所迫而使然。但其最大願望，卽在歸江漢地區老家也。第二首，則提及當時官位。按唐志：尙書員外郎爲從六品，青袍，指從六品官員所穿袍服爲深綠色。

永泰元年四月，嚴武去世，公失去憑依，不可再留。遂束裝乘船由岷江經嘉州，而達渝州，再繼續下忠州而至夔州。也卽是現在的奉節縣。公初到夔，居白帝城下的縣城內，此時已是大曆元年的春天。

在留居夔州，受到都督柏茂琳的優遇，禮爲上賓，爲之安排住處，按月贈送錢物、蔬菓，使公有如歸故居感覺，因之心境也極舒暢，他一生最爲快炙人口的秋興八律，卽在此時寫成。玆摘錄其中一律以證之：「千家山郭靜朝暉，日日江樓坐翠微。信宿漁人還泛泛，清秋燕子故飛飛。匡衡抗疏功名薄，劉向傳經心事違。同學少年多不賤，五陵衣馬自輕肥。」這一首詩，雖有功名薄與心事違，隱含自己進仕艱阻，有愧平生，但終以衣食無虞，妻兒免於飢饉，而心緒寧靜，故放懷寫作。經略約統計他所有作品，以在這一段時間內，寫得最多，也最精鍊。依清楊倫西河所編杜詩鏡銓第十三卷至十八卷所列諸詩，均係在這一時期寫成，可爲確證。

杜觀，係公的第二個弟弟，因戰亂的緣因，他們有將近十年未有見面，平常亦很少書面互通信息，彼此以思念爲苦。在大曆二年初，意外的接到杜觀的來信，說明已到了江陵，將要到夔州去看他，然後再轉藍田去接他的妻子。稍後杜觀果然到了夔州，兄弟久未把晤，其歡娛之情，可知。幾天後杜觀去藍田，商定兄弟們於江陵重聚。約在大曆的三年春，杜公離夔，携帶妻兒乘船去江陵，並拜會了舊友江陵府少尹鄭審。旅居了近半年，又轉道去公安，然後去岳陽，沿途訪晤故舊，探尋名山勝境，把酒賦詩，放懷高論，並輾轉停留，直到大曆五年，才到達衡州。又擬去郴州，看他舅父崔偉，但行至耒陽縣屬之方田，以江水暴漲，不克前進。耒陽聶縣令，慕公之名，特爲之具酒食以進，公歡享之餘，有「聶耒陽以僕阻水，書致酒肉，療飢荒江，詩得述懷，興盡本韻，至縣呈聶令」。此後尚有「風疾舟中伏枕書懷三十六韻奉呈湖南親友」一詩，爾後即已絕響，迨絕筆耶。

關於公逝世時地，在新舊唐書本傳裡，皆云公夏日客耒陽，遊嶽廟，阻水旬日不得食，耒陽縣令備舟迎還，具酒肉以進，公大醉後，一夕卒，享年五十九歲，時爲大曆五年（西元七七〇年）。但依清浦起龍，楊西河，仇兆鰲等所著「讀杜心解」「杜詩鏡銓」「杜詩詳註」諸記載，均謂公於大曆五年暮秋，計畫將歸秦，尚有詩留別湖南幕府諸友。因此認爲絕不是夏季逝於耒陽。時人劉維崇教授著「杜甫評傳」，強調公於赴秦之議未果，乃一病不起，其逝世地點，當在潭州（今湘潭）岳州（今岳陽）之間，時間則在秋冬之際，應無問題。近人傅東華註杜甫詩，持論亦復如此。

本文旨在研究公的概略身世及其詩學重心所在，對公逝世時地之謎，在千餘載之後的今天，與聚訟紛紜事況下，如無更明確更詳實資料，頗難作較肯定的論斷。但於浦起龍，楊西河、仇兆鰲、傅東華、劉維崇諸君子論述，則持同一觀點。千載悠悠，確證難求，夫復何言。

第二章 寄 望

「文章千古事，得失寸心知」，杜公致力詩文，悉本此準據以赴。因此他的詩，無一不是在苦心研究、琢磨之後，再以審愼詞語出之，雖說他一生，成詩一千四百五十七首，內容涵渾浩瀚，千類萬狀，但皆詞意沉雄，筆力豪壯，若江海之蕩潏，若風雲之飄渺，其詞曲而中，其意肆而隱，悉能發乎諄情，止乎禮義，盡乎忠愛，爲人之所難及。唐元稹有言：「子美之詩，上薄風騷，下該沈（佺期）宋（之問），言奪蘇（武）李（陵），氣呑曹（植）劉（楨），掩顏（延之）謝（靈運）之孤高，雜徐（陵）庾（信）之流麗。」綜其所爲各體詩，蘊含時政、策論、禦寇、經世、人物、歷史書畫等等，陳義高博、論證貼切，冠絕古今。孫僅論公之詩，雄奇昭煥，光焰萬丈，並舉：「孟郊得其氣焰，張籍得其簡麗，姚合得其清雅，賈島得其奇僻，杜牧、薛能得其豪健，陸龜蒙得其贍博。」皆可自成一家，而流傳不朽。由此更可知公所爲詩之烜世赫俗了。

茲就自我探研觀感，按公詩含意，統合分出：寄望、忠愛、諷世、離亂、遺懷、遊旅、題書畫、好義、永生等各類，並擇其立論明確者，予以闡釋，並祈海內先進，惠予教之。

一、奉贈韋左丞丈二十二韻

紈袴不餓死，儒冠多誤身。丈人試靜聽，賤子請具陳。甫昔少年日，早充觀國賓。讀書破萬卷，下筆如有神。賦料揚雄敵，詩看子建親。李邕求識面，王翰願卜鄰。自謂頗挺出，立登要路津。致君堯舜上，再使風俗淳。此意竟蕭條，行歌非隱淪。騎驢三十載，旅食京華春。朝扣富兒門，暮隨肥馬塵。殘杯與冷炙，到處潛悲辛。主上頃見徵，欻然欲求伸。青冥卻垂翅，蹭蹬無縱鱗。甚愧丈人厚，甚知丈人眞。每於百僚上，猥誦佳句新。竊效貢公喜，難甘原憲貧。焉能心怏怏，祇是走踆踆。今欲東入海，卽將西去秦。尙憐終南山，回首清渭濱。常擬報一飯，況懷辭大臣。白鷗沒浩蕩，萬里誰能馴。

題解韋濟，時爲左丞，權高位重，公詩全篇意旨，均在敍述自己年青時抱負，中年的不得意，及計畫去東部的構想等。因此題目「贈」字似以改爲「呈」字，較爲切合。

譯述首句用語突兀，亦飽含怨憤。所謂紈袴兒，衣錦着羅，食皆珍饈，卽不識知無，亦碍於享樂。而早年勤苦力學，博通經史，纔着上儒冠，但一無用處。謹具下情，上瀆聰聽。回憶於二十三歲時，卽舉於鄉里，後以應試師京被黜，乃回鄉奮力經史，多達萬卷，下筆治詩文，千言快倚馬，有若神助。自認作賦可以上與揚雄相匹敵，作詩則接近曹子建。須知揚雄博學多才智，以文章名世，曹子建則七步成詩，詞藻富麗。公自與比擬，可以想見其胸襟及詩文修養。因此李邕自往拜晤，王翰願爲鄰居。遺世特立獨行，可登仕路而居要津，以輔弼君上，弘隆治道，而躋身堯舜行列，並使全國風俗敦厚純良，其抱負之大，思緒領域之高遠，於伊尹皐陶，又何讓焉。豈料事實乖違，早年意向，概歸於幻滅，寄食京華，近乎沿門托缽，受人羞辱，受盡凄涼。雖一度受上命徵詔，試策宰相（李林甫）之門，終被峻拒，卽令有詩文佳作，但無補於貧困，又有何用？於是進既不能，退亦難甘，徘徊瞻顧，莫知何己。今擬東去故都，又想西遊秦隴，舉目終南，回首渭水，心意怏怏，情懷惆怛。惟京畿不可以久留，祇好效法海上的白鷗，展翅於浩蕩的波濤之上，作萬里之飛翔。

二、高都護驄馬行

安西都護胡青驄。聲價欻然來向東。此馬臨陣久無敵。與人一心成大功。功成惠養隨所致。飄飄遠自流沙至。雄姿未受伏櫪恩。猛氣猶思戰場利。腕促蹄高如踣鐵。交河幾蹴曾冰老，何由却出橫門道。

裂。五花散作雲滿身。萬里方看汗流血。長安壯兒不敢騎，走過掣電傾城知，靑絲絡頭爲君

譯述騎黑白相兼之馬，由西向東而行，身份、榮譽，突然增高許多。由於高都護多年忠於國事，不計生命安危，故旌旗所指，當者披靡，而建立了殊勳。朝命召還，將會賜予懋賞。但駿驥伏櫪，總思奔騰千里，而健蹄如鐵，過去且曾馳騁邊疆盡力王事，看它周身駿壯，驍勇驃悍，如長途競馳，必汗出如血，京師靑壯少年，駕馭未可。蓋以其奔行，如風馳電掣。今若以靑絲飾其首尾，聽之老去，何如放牧京師之外，賦予重任而致遠道的好。全篇精練豪壯，銳氣襲人，以馬自喩，內心之哀感可知。

題解高都護名仙芝，早年爲安西副都護，天寶六年，平小勃律有功，天寶八年奉詔還朝。

三、九日曲江

綴席茱萸好，浮舟菡萏衰。百年秋已半，九日意兼悲。江水清源曲，荆門此路疑。晚來高興盡，搖蕩菊花期。

題解天寶十二年九月九日，曲江宴飮。

茱萸，有吳茱萸，食茱萸，山茱萸三種，實赤色，味辛，爲檥生植物。古時宮廷內，九月九日，佩茱萸，飮菊花酒，以度重陽。

譯述首句以緣慳仕途，官場中人情淡薄，藉欃生茱萸，以喻兄弟分散，情緒悽愴。菡萏，卽荷花、浮舟，實藉喻漂浮外地，舉目無親，該有多少心事，誰與共語，頷聯則轉到年歲老去，百年已近一半（此際公約已四十三歲）頸聯更以時値重九，風物蕭疏，滿眼盡是凋殘現狀。合句則以自慰又自嗟口脗，寫出差幸江水清澈，江岸蟠曲，念及孟嘉登高落帽故事，在秋月輝耀下，心緒稍轉忻快。惟對持螯賞菊的佳節，又虛度了。

四、贈獻納使起居田舍人澄

獻納司存雨露邊，地分清切任才賢。舍人退食收封事，宮女開函近御筵。曉漏進趨青瑣闥，晴窗檢點白雲篇。楊雄更有河東賦，惟待吹噓送上天。

題解唐制：設有「延恩匭」凡懷材不遇之士，希求聞達者，可將作品投匭，由獻納使（起居舍人）起匭上聞。田澄時任起居舍人。

譯述首句職司獻納的官員，隨時侍御左右，轉將皇恩施給懷材不遇的投報作品人員，但須從嚴選拔才俊，以符國政需要。第三句爲倒裝句，說明舍人回到職司所在，也卽是設置「延思匭」處，檢點振理所收到投報之封件（詩文策論），送交掌理文書之宮女，折開封件，近呈御覽。上於銅壺漏盡，天已近曉時，命駕閱覽宮殿，就開啟之投件，面對晴窗淨几，披閱有如珠玉錦繡的詩文，聖心是愉快的。句中「青鎖」「白雲」兩詞，經查證古之宮闕簿，註明：青鎖門在南宮，與漢武帝有：「秋風起兮白雲飛」詞，係指舍人所編制誥一說。但依研判，杜公用此兩詞於此，重點似在求律句對仗的工整，不在引証故典。結句强調：儘管揚雄以賦鳴於當時，爲一代英才，仍有待主政者，予以有力推荐，纔能上達天聽，獲得眷注。喻古諷今，公之用心良苦。

五、沈八丈東美除膳部員外郎阻雨未遂馳賀奉寄此詩

今日西京椽，多除南省郎。通家惟沈氏，謁帝似馮唐。詩律羣公問，儒門舊史長。清秋便寓直，列宿頓輝光。未暇申安慰，含情空激揚。司存何所比，膳部默悽傷。貧賤人事略，經過霖潦妨。禮同諸父長，恩豈布衣忘。天路牽騏驥，雲臺引棟梁。徒懷貢公喜，颯颯鬢毛蒼。

題解沈東美爲沈佺期之子，爲杜公父執輩，因公之祖父審言與佺期同事故。

譯述首句京兆府椽，其官稱如司錄、功曹之類。南省，指尙書省。其意，當前府椽，多升遷尙書省各職司員外郎，在故舊當中，以東美升遷較遲，有如馮唐年達九十爲郎一樣。善於詩律的人，向受人們重視，儒家子弟，保有前輩書卷家風，自會受到敬佩。當初秋

到來時，就要到尚書省輪値，因爲郎官上應列宿，身份地位非同凡響。受雨延阻，未能及時馳賀，內心歉疚，無可比喻。膳部這一職司，公祖審言，早年就承乏過了，感舊悽愴，有何話說。境遇困頓的人，一切禮儀大都疏忽，潦倒窮途，敬盼長輩垂察，恩典不會因拙於仕進而忘却。如凌雲有路，予以導引，則可爲騏驥，爲棟梁。但滿懷貢禹（漢瑯琊人）喜悅，而日見衰老，現已鬢髮蒼蒼，未宜長此期待。全篇始而賀東美榮遷，中以阻雨失賀，但以情屬世誼，請予鑒諒，後則因際遇坎坷，祈予援引，並以日近衰老作結。

六、奉贈太常張卿垍二十韻

方丈三韓外，崑崙萬國西。建標天地闊，詣絕古今迷。氣得神仙廻，恩承雨露低。相門清議衆，儒術大名齊。軒冕羅天闕，琳瑯識介珪。伶官詩必誦，夔樂典猶稽。健筆凌鸚鵡，銛鋒瑩鸊鵜。友于皆挺拔，公望各端倪。通籍踰青瑣，亨衢照紫泥。靈虬傳夕箭，歸馬散霜蹄。能事聞重譯，嘉謨及遠黎。弼諧方一展，班序更何躋。適越空顛躓，遊梁竟慘悽，謬知終畫虎，微分是醯雞。萍泛無休日，桃蔭想舊溪。吹噓人所羨，騰躍事仍暌。碧海眞難涉，青雲不可梯。顧深慚鍛鍊，材小辱提攜。檻束哀猿叫，枝驚夜鵲棲。幾時陪羽獵，應指釣横溪。

題解依舊唐書張垍傳記載：垍先任盧溪司馬，後召還，派任太常卿。

譯述起句突兀，爲杜公詩慣常作法。史記：東海中，有蓬萊、方丈、瀛洲三山，爲仙人居處。三韓：依魏志東夷傳記述，一爲馬韓，二爲辰韓，三爲弁韓。崑崙：在水經注裡記明：崑崙墟在西北，去嵩高五萬里。其意爲方丈，三韓，崑崙，爲天地間濶絕之地，古今來無人能到。豈若承恩禁掖者，處處受到神靈保護。蓋垍尚主，有住宅在禁中，非常人所得出入，亦如方丈崑崙等地，無人能達，致使人着迷。旋盛稱垍父張說，以文章纘緒前修，人所仰望，非恃貴戚以榮顯。軒冕、公珪，皆借喻張垍家族顯貴衆多，非因尚主而獲懋遷。且這些身擔要職官員，亦非夤緣得寵，而全係文才華茂，武功卓絕的人。兄弟中亦皆碩學廣識，無一庸碌，故三代（祖父、父親垍自己）通籍，卽姓名列入竹簡，懸之宮門，備人主不時傳見，以徵詢國政。太常一職，常在禁中輪值，入夜始歸。由於要言不繁，嘉惠四方，受倚庇甚殷，同秩之人，無出其右。上述各句，均爲對張垍敬頌而言。餘皆自悲身世，侘傺失志，獻賦獻策，均難獲寵錫，海濶天高，舟梯兩闕，寒夜啼猿，嚴霜驚鴉。深慚材力棉薄，辱及提掖，何日能隨御羽獵（鷹犬）亦如呂尚之垂釣渭溪。最終以汲引矚望張垍，令人哀感不置。

七、上韋左相二十韻

鳳歷軒轅紀，龍飛四十春。八荒開壽域，一氣轉洪鈞。霖雨思賢佐，丹青憶老臣。應圖求駿馬，驚代得麒麟。沙汰江河濁，調和鼎鼐新。韋賢初相漢，范叔已歸秦。盛業今如此，傳經固絕倫。豫章深出地，滄海濶無津。北斗司喉舌，東方領搢紳。持衡留藻鑑，聽履上星辰。獨步才超古，餘波德照鄰，聰明過管輅，尺牘倒陳遵。豈是池中物，由來席上珍。廟堂知至理，風俗靜還淳。才傑俱登用，愚蒙但隱淪。長卿多病久，子夏索居頻。回首驅流俗，生涯似衆人。巫咸不可問，鄒魯莫容身。感激時將晚，蒼茫興有神。爲公歌此曲，涕淚在衣巾。

題解舊唐書職官志記載，開元元年十二月改尙書左右僕射，爲左右丞相。韋見素於天寶十三年秋八月任武部尙書同中書省門下平章事，卽左丞相。

譯述少皞，黃帝子，初立時，鳳鳥適至，故以鳳鳥知天時，以爲歷代紀元之始。「龍飛」喩玄宗皇帝在位。至此時已登極四十二載。「四十春」，記整數也。「八荒」，淮南子泰族訓：登泰山，履石封，以望八荒，亦極八方，此處蓋强調舉國之人，因玄宗之長久在位，壽延無盡，而同登壽域。且萬物之元氣調和，物阜民安，國家大治。但以霖雨傷禾稼，長期不止，玄宗以宰相不能燮理陰陽，派韋以替當時宰相陳希烈。況其尊翁韋湊累官太原尹，以文學著稱於時。可說簪纓累代，餘烈蔭濃。亦若冀北駿驥，天上麒麟，沙汰濁流（指希烈之黨李林甫）揆度百事，使韋賢、范叔盛業，又見於今世。則良木可用，滄海可渡。由於宰相爲上喉舌，爲百官領袖，作風一向公允，受知於上及同僚，更以才識超邁，精於天文，早知安祿山必反，人皆爲傾倒。亦如漢陳遵以函件與人，人皆珍藏一樣。所謂：天上蛟龍，遇雲雨則飛去，席上珍品，誰不欽崇。朝廷多明智之士，民間有淳樸的風俗，使一般才俊，多登仕路。但不幸之人，仍然淪落，貧居多病，日在流俗中奔波，生活與普通人別無二致，生死禍福，不卜可知。感恩戴德，恐爲時已晚，惟不論未來如何改變，還有精神、心力以應。玆以此詩奉陳，慷慨悲歌，而不知涕淚已染衣巾。全篇首在稱頌，次則强調宰相要協調時政，多用人才，然後自述現況，盼予援引，但措詞恪守名士本分，不亢不卑，值得人們藻鑑。

八、天育驃騎歌

吾聞天子之馬走千里，今之畫圖無乃是。是何意態雄且傑，駿尾蕭梢朔風起。毛爲綠驃兩耳黃，眼有紫燄雙瞳方。矯矯龍性含變化，卓立天骨森開張。伊昔太僕張景順，監牧攻駒閱清峻。遂令大奴守天育，別養驥子憐神駿。當時四十萬匹馬，張公歎其材盡下。故獨寫眞傳世人，見之座右久更新。年多物化空形影，嗚呼健步無由騁如今。豈無騕褭與驊騮，時無王良伯樂死卽休。

題解天育，御馬用廄名。驃騎，猶云飛騎。新唐書記載：唐貞觀間，邊疆民族酋長骨利幹貢良馬十四，太宗並爲之定名曰青雖，曰特勒驃，曰颯露紫等。

譯述在穆天子傳裡有云：天子之馬，日走千里，勝如猛獸。當前畫馬圖中，常多飛馬，無乃是千里馬耶？爲何在形態表現方面，既雄俊又傑出，馬尾動搖，有似朔風吹起。馬的毛色則爲青白，耳則全黃，眼中顯現紫光，矯捷挺拔，含有龍性，而變化多端，且卓然自立，不事俯仰。至於凡馬，則繁殖極快。（唐張說隴右監牧頌德碑序云，開元元年，有馬二十四萬匹，至十三年，乃有四十三萬匹，上顧太僕少卿兼秦州都督張景順曰，吾馬蕃息，卿之力也）乃令牧馬長照顧天育廄，以培育駿驥。蓋當時馬匹雖多達四十萬匹，惜無一良馬，是以特繪此青白交加的馬，置之座右，期其更久更新。設如係眞馬，則日久反會物化一空。現在可惜的是，王良伯樂已渺，識者無人，使健馬淹沒無聞。但驊騮騕褭，如明君有德，則仍可立至。全篇首言畫馬之神俊，有似穆天子傳裡的千里馬。次言當時眞馬蕃殖極快，但無一良馬。末段强調：祇要君上有德，則千里神駿，可以獲得。蓋自喻神駿，惜無人識得，將會老死而已。

九、去矣行

君不見，韝上鷹，一飽卽飛掣，焉能作，堂上燕，銜泥附炎熱。野人曠蕩無靦顏，豈可久在王侯間。未試囊中餐玉法，明朝且入藍田山。

題解構句用字，均極突峭，結句尤奇。

譯述人們難道未有看見，臂桿上的蒼鷹，一旦飽食之後，就自行飛去。豈願作堂上燕子，銜泥巢居，以趨炎附勢，貶抑身價。一位郊居野處的人，如行雲飛鶴一樣，自由自在慣了，無法靦顏事人，那能長久出入於王侯之間，以求一飽。行囊中，置有碎玉爲食之法，明天姑且到藍田山去，以尋求玉食自飽吧。全篇以臂桿鷹，不甘雌伏，一飽卽行飛去，暗喻自身，不能爲一飽，久而俯仰於公卿間，應極力奮發，別作良圖。

第三章 忠愛

一、北征

皇帝二載秋，閏八月初吉。杜子將北征，蒼茫問家室。維時遭艱虞，朝野少暇日。顧慚恩私被，詔許歸蓬蓽。拜辭詣闕下，怵惕久未出。雖乏諫諍姿，恐君有遺失。君誠中興主，經緯固密勿。事胡反未已，臣甫憤所切。揮淚戀行在，道途猶恍惚。乾坤含瘡痍，憂虞何時畢。

靡靡踰阡陌，人烟渺蕭瑟。所愚多被傷，呻吟更流血。回首鳳翔縣，旌旗晚明滅。前登寒山重，屢得飲馬窟。邠郊入地底，涇水中蕩潏。猛虎立我前，蒼崖吼時裂。菊垂今秋花，石載古車轍。青雲動高興，幽事亦可悅。山果多瑣細，羅生雜橡栗。或紅如丹砂，或黑如點漆。雨露之所濡，甘苦齊結實。緬思桃源內，益歎身世拙。坡陀望鄜時，巖谷互出沒。我行已水濱，我僕猶木末。鴟鳥鳴黃桑，野鼠拱亂穴。夜深經戰場，寒月照白骨。潼關百萬師，往者散何卒。遂令半秦民，殘害爲異物。

況我墮胡塵，及歸盡華髮。經年至茆屋，妻子衣百結。慟哭松聲廻，悲泉共幽咽。平生所嬌兒，顏色白勝雪。見爺背面啼，垢膩脚不襪。床前兩小女，補綻才過膝。海圖坼波濤，舊繡移曲折。天吳及紫鳳，顚倒在短褐。老夫情懷惡，嘔泄臥數日。那無囊中帛，救汝寒凜慄。粉黛亦解包，衾裯稍羅列。瘦妻面復光，癡女頭自櫛。學母無不爲，曉粧隨手抹。移時施朱鉛，狼藉畫眉濶。生還對童稚，似欲忘飢渴。問事競挽鬚，誰能卽嗔喝。翻思在賊愁，甘受雜亂聒。新歸且慰意，生理焉得說。

至尊尚蒙塵，幾日休練卒，仰看天色改，坐覺妖氣豁。陰風西北來，慘澹隨回紇。其王願助順。其族善馳突。送兵五千人，驅馬一萬匹。此輩少爲貴，四方服勇決。所用皆英騰，破敵過箭疾。聖心頗虛佇，時議氣欲奪。伊洛指掌收，西京不足拔。官軍請深入，蓄銳可俱發。此舉開青徐，旋瞻略恒碣。昊天積霜露，正氣有肅殺。禍轉亡胡歲，勢成擒胡月。胡命其能久，皇綱未宜絕。

憶昨狼狽初，事與古先別。姦臣竟葅醢，同惡隨蕩析。不聞夏殷衰，中自誅褒妲。周漢獲再興，宣光果明哲。桓桓陳將軍，仗鉞奮忠烈。微爾人盡非，於今國猶活。淒涼大同殿，寂寞白獸闥。都人望翠華，佳氣向金闕。園陵固有神，掃灑數不缺。煌煌太宗業，樹立甚宏達。

題解杜公北征詩，前賢評者極夥，玆摘錄數家意見如下：

蘇東坡曰：北征詩，識君臣大體，忠義之氣，與秋色爭高，可貴也。

范溫曰：孫莘老嘗謂，老杜北征詩，勝退之南山詩。王平甫以爲南山勝北征，終不能服。時山谷尚少，乃曰：若論工巧，則北征不及南山。若書一代之史事，與國風雅頌相表裡，則北征不可無，南山雖不作，無害也，二公之論遂定。

盧得水云：赴奉先及北征，肝腸如火，涕淚橫流，讀此而不感動者，此人必不忠。

李子德曰：上關廟謨，下具家乘，其材則海涵地負，其力則排山倒岳，有極尊嚴處，有極瑣細處。繁處有千門萬戶之象，簡處有急弦促柱之悲。

元河南謂：其具一代興亡，與風、雅、頌相表裏，可謂知言。

這首詩，是杜公自鳳翔行在，歸鄜州探視其妻兒子女時所作。由於鄜州在鳳翔東北，故曰北征。仇兆鰲注云：漢班彪有「北征賦」之作，公蓋採用其名，以爲詩題。

全篇分爲六段，第一段，爲敍述首途時間、目的，亦如散文的前言。第二段：以即將離開君上，有無盡依戀，不忍遽然行動。第三段：則抽樣敍述途次所見景物。第四段：敍述到家以後看到妻兒窮困慘狀，及兒女們童稚動作。第五段：則惦念肅宗駐蹕鳳翔，僅賴回紇兵力護駕，是否可恃。第六段：則追敍除賊平亂之況，並殷殷望治之心。依杜公當時官位卑下，生活艱苦，薄俸不足俯蓄妻子，在流離轉徙中，念念不忘君國安危，時時以治平爲懷，讀此詩，能不爲之肅然起敬。

譯述首段要義：杜公家住鄜州，子女幼小，且向在衣食不周情況下，不僅一無儲積，幾乎連溫飽維持都不容易。值此兵燹不息，安全堪虞，故乞假歸休，以便照顧。啟程之日，爲肅宗至德二年，（西元七五七年），八月朔日，公已年四十六歲。惟以世難時艱，安慶緒叛亂未已，舉國皆陷入多事之境。玆獲殊恩，准以私事離開公職，慚感兩兼。拜辭闕下，淚涕潸然，此爲次段重點。旅次舉眼四顧，田疇阡陌，人烟兩皆蕭瑟。如偶有所見，則全係傷患，回首行在，旌旗顯耀，但山行曲折而高下不定，且涇水蕩漾，谿壑深洄，猛虎人立，蒼崖斷裂，金菊報秋，車跡入石，丹砂隱顯，黑白明滅，雨露浸潤，風月斑剝，桃源無路，際遇拙劣。遙望鄜州，雲山出沒，鴟鳥的叫囂，野鼠的穴窟等，環繞襟懷，難於壓抑。三段景物描述，歷歷如繪。外鄉奔波，對身體髮膚，常多忽視，抵家之日，始覺已滿頭白髮，茅屋未修葺，妻兒子女鶉衣百結，乍見則慟哭失聲，審視則兒女面貌的慘白勝雪，垢面赤足，滿綴補綻的衣着，長僅及膝，亦如海面起了波濤，與舊繡綢羅，補綴顛倒了，使人看後，產生印像極爲惡劣，好幾日無法釋然。帶回少數衣飾及被帳等物，使妻兒略加妝扮，面色已較開朗，小女也自行梳洗，並塗朱抹粉起來，家務多端，一切聽其自然。四段悉述家事，可說憂喜兼及。第五段開端，就强調皇帝爲避賊鋒，尙離開師京，日日勤練兵卒，作爲剿賊武力。又幸回紇（新唐書，稱向鶻）於至德元年，遣其太子葉護率兵前來協助討賊，肅宗宴賞甚厚，並命廣平王與之約爲兄弟，回紇官兵，饒勇善戰，精騎射，所至有功。很快收復洛陽。長安之收復，也不困難。而領軍官員，（指唐室軍官）倡議相互策應，以夾繫叛賊。先攻青州、徐州，再轉用兵力於河北山西諸地，以直搗安賊心臟地帶范陽。這些策略，與杜公所見均同。六段則大聲疾呼，國之衰敗，略與古代近似，權奸誤國，楊國忠與虢國夫人等持恩恃寵，胡作非爲，外弄國柄，內亂宮幃，亦如妲己，褒姒之敗壞商周。尙幸周宣王與漢光武，英明睿智，才使周漢復興。今肅宗之明哲果敢，直若宣光，大將軍陳元禮，誅殺國忠，縊死貴妃，其忠烈行爲，表現於唐祚之復活。雖此際大同殿與白獸闥，仍爲叛賊所據，但復興與興隆氣象，已瀰漫帝闕，一旦京師收復，必須詳予灑掃，以淸除賊氛，重振皇王氣象，俾使太宗建國大業，得以再樹立起來，並傳之於無窮。

二、行次昭陵

舊俗疲庸主，羣雄問獨夫。讖歸龍鳳質，威定虎狼都。天屬尊堯典，神功協禹謨。風雲隨絕足，日月繼高衢。文物多師古，朝廷半老儒。直詞寧戮辱，賢路不崎嶇。往者災猶降，蒼生喘未蘇。指麾安率土，盪滌撫洪爐。壯士悲陵邑，幽人拜鼎湖。玉衣晨自舉，鐵馬汗常趨。松柏瞻虛殿，塵沙立暝途。寂寥開國日，流恨滿山隅。

題解昭陵，唐太宗皇帝之陵墓，在長安之北五、六十里處。本詩自起句至「賢路不崎嶇」，敘述唐開國之盛與太宗貞觀之治，可上溯三代，爲前段。以下爲後段，即行次昭陵，歎息安祿山之叛亂禍國，遺恨滿佈山涯。

譯述起句「舊俗疲庸主」，爲倒裝句法，指唐在開國之前，南北朝時代，昏庸君主相繼遭遞，至隋煬帝時，民情風俗，敗壞已極，煬帝更貪暴，草澤羣雄四起，衆叛親離，一起問獨夫（指煬帝）之罪（隋書，楊玄感曰，獨夫肆虐，身陷絕域，此天亡之時也）太宗生四歲，有方士見之說，此子龍鳳之姿，天日之表，必能濟世安民。迨李密，竇建德等羣起反隋，太宗奉高祖勃起太原，取關中，定天下，尊高祖爲神堯大聖光孝皇帝。且太宗治績，亦冠絕千古，其勳勞可上比禹謨。在太宗左右諸臣，盡輔弼之功，竭股肱之力，風雲際會，如日月之輝華，使唐虞盛世再見。尤以定雅樂，制律令，一般文人學者，都獲得重用，直言敢諫之士，如魏徵等，多曲予容忍接納，故人能盡其才，才能盡其用。至天寶年間，安祿山之亂，有如隋末災亂之再見於世，並憤恨賊勢猖獗，安得有如太宗之神威，一舉而予清除，有似洪爐之可以溶解化除任何物體。但長安蒙塵，天子出狩，賊氛擾攘昭陵，使滿懷忠貞之士如杜公者，行經昭陵，除了拜伏陵下，並有不勝唏噓慟哭之情，無法自已。如能舉太宗玉衣（御衣），驅陵前石馬（昭陵石刻六駿），與叛賊週旋疆場，一舉予以殲滅，該多麼大快人心。但松柏森森，殿宇空寂，塵沙遮途，淒涼滿目，國仇君憂，難爲少解，能不流恨塡滿山陬嗎。讀此詩，想見杜公當日之沉雄悲壯，與氣吞山河之感慨，有不能自已者。

三、重經昭陵

草昧英雄起，謳歌曆數歸，風塵三尺劍，社稷一戎衣。翼亮貞文德，丕承戢武威。聖圖天廣大，宗祀日光輝。陵寢盤空曲，熊羆守翠微。再窺松柏路，還見五雲飛。

題解重經：當係由鄜州探親後，返至長安時作。

譯述回溯隋朝末年，羣雄蠭起，大好河山，因受到割據而分裂，但天命攸歸，神器有定，所以民衆才謳歌以迎太宗。受命於天的太宗皇帝，才能披上戎衣，仗三尺劍，外以掃蕩胡塵，內以剿撫草莽豪傑，而定鼎建國，武功之後，用文德以隆治道。聖明昭如日月，神武蔭及子孫，故長安失而復得，恢弘舊觀必快，陵寢巍峨而盤曲，守衞者威武雄壯，昭陵四側，松柏青蒼，昭陵之上，祥雲瑞靄，別有興隆之氣象在也。

此詩，何景明評語有云：草昧，是易經語，謳歌，是孟子語，翼亮，是尙書語，丕承，是詩經語，爲爾雅典厚文字，用經史入詩，絲毫不見斧鑿之痕。若他人用之，未免拙滯

四、臘日

臘日常年暖尙遙，今年臘日凍全消，侵陵雪色還萱草，漏洩春光有柳條。縱酒欲謀良夜醉，還家初散紫宸朝。口脂面藥隨恩澤，翠管銀罌下九霄。

題解臘日：唐以大寒後，逢辰日爲臘。

顧修遠云：年初，元日至人日，如陰，則爲亂象。

譯述起句：今年臘日，氣候溫暖，天氣晴和，冷冽之象，完全未有，足徵君上德配天地，澤及萬民，國必大治。萱草青郁，霜雪不侵，春風吹綠柳條，一遍欣欣向榮景況。良夜要盡情飲酒，以期一醉，在紫金殿裡，散朝以後，就要回家去了。臘日，在大寒以後，氣溫下降極大，朝廷賜以塗抹口唇油脂及面用葯膏，以禦寒冷，並免凍創。因此盛用油脂及葯膏的器皿，也一同賜予。皇恩浩蕩，能不感戴。

五、宣政殿退朝晚出左掖

天門日射黃金牓，春殿晴曛赤羽旗。宮草霏霏承委佩，爐烟細細駐遊絲。雲近蓬萊常五色，雪殘鳷鵲亦多時。侍臣緩步歸青鎖，退食從容出每遲。

題解宣政殿：唐會要註明，在含元殿之後，卽正衙殿也。杜公為左拾遺，屬門下省，如依散朝時出殿，卽可從宣政殿正門走出。如晚出，則宣政殿正門已關閉，必須由左腋出去。本詩題目標明，晚出左腋，當係散朝後，自動留門下省，處理公務，以致必經左腋側門退出，足見忠於國事，不計及時間早遲。

譯述當早朝開始，朝陽由天邊射入宣政殿，含有耀眼的黃金色彩，殿上春意昂然，晴朗的曉日，照在赤羽旗上，燦爛輝華。宮廷綠草，微微搖曳，御香爐裡的輕烟，裊裊上升，細若遊絲。蓬萊仙島，仙人所居，雲光在島上流動，常五彩分明。由於春和日暖，故積雪已殘，鳷鵲已來多時。侍御之臣，於散朝時，皆緩步從容出去，杜公本身，則留下理事，値至腹中饑餓，始遲遲退出就食。

六、紫宸殿退朝口號

戶外昭容紫袖垂，雙瞻御座引朝儀。香飄合殿春風轉，花覆千官淑景移。晝漏稀聞高閣報，天顏有喜近臣知。宮中每出歸東省，會送夔龍集鳳池。

題解紫宸殿，便殿也。唐之朝制，宣政，前殿也，上日常於此接受羣臣朝拜，並議事。紫宸爲便殿，月之朔望，上不御前殿，於此接受閤員奏章諸事。

杜公於紫宸殿散朝後，無事待理，故就紫宸殿所見，隨口賦詩。

譯述昭容：唐制爲正二品，係九嬪身分。戶外，卽紫宸殿閤門外，有宮人垂紫袖，引百官或有事啟奏官員，進入便殿，面向御座下拜。由於殿宇寬敞，春來百花飄香，香氣在殿內廻轉。官員奏對，時間甚久，花影隨日光移動，覆蓋其身。銅壺滴漏所傳出時刻，由輪值閤員通報週知。杜公身爲諫官，常接近君上，故上每有笑容，則優先感受到。當於紫宸殿退出之後，仍要到政事堂見宰相，報聞承候旨意事故，使閣揆（宰相）便於掌理國政。

七、江陵望幸

雄都尤壯麗，望幸欻威神。地利西通蜀，天文北照秦。風煙含越鳥，舟楫控吳人。未枉周王駕，終期漢武巡。甲兵分聖旨，居守付宗臣。早發雲臺使，恩波起涸鱗。

題解肅宗上元元年，以荆州爲南都，更名江陵府。代宗廣德元年，吐蕃猖獗，侵入長安，西京再陷，上出幸陝州避難。杜公在梓州，聞有幸南都之議，擬代表江陵地方，請車駕幸此，故作此詩，題曰江陵望幸。

譯述江陵爲國家重鎭，雄踞長江上游，自改爲南都後，規模更爲壯麗。今聞車駕有來幸之議，地方人士，皆雀躍殷望，君上神威，必更爲增加。江陵在地理上說，水道則西通巴蜀，天文則北照秦中，往東南則沿江而下臨吳越。風華隨越鳥以飛來，舟楫由吳人操送，形勝雄峙，交通便捷。但稽考歷史，江陵從未受天子巡幸，願早發車駕，蒞臨是邦，禁衞的調撥，官守的確定，皆輕而易擧。伏祈更推恩波，甦我涸澤。

杜公早於史思明割據東都時，曾反對當時荆州刺史呂諲建議設荆州爲南都事。此次則一反故態，歡迎車駕臨幸，不是前後有所矛盾嗎？但事實並非如此。揆公用心，彼時適長安收復，而河北仍爲賊據，朝廷應致力北向，以力除禍根，故不宜建都荆南，以示叛賊，朝廷重心不在征剿，而在注意都城遷建，以張賊勢。至作本詩時，則情況大異，吐蕃之氣燄方張，京師爲彼所盤據，車駕播遷陝中，吐蕃可呼嘯而至，安全堪虞。如能移駕荆楚，則路途遙阻，遠避危難，此固公之忠愛至誠表現，前後擬議，如出一轍，絕無扞格不通之處。

八、悲陳陶

孟冬十郡良家子，血作陳陶澤中水。野曠天清無戰聲，四萬義軍同日死。羣胡歸來血洗箭，仍唱胡歌飲都市。都人迴面向北啼，日夜更望官軍至。

題解至德元年十月，宰相房琯，自請討賊，並自將中軍爲前鋒，辛丑，與賊接戰於陳陶斜，敗績，死傷四萬餘人。公作詩悼之。

譯述十月初冬，集滙十個州郡良家子弟，與反賊戰於陳陶斜，不幸敗績，流血滲入澤水之中。這一次作戰，實以官兵事前未予戰陣訓練，形同烏合之衆，故不戰而自潰，乃爲賊軍所乘。使多達四萬人的勤王義旅，同日被賊軍殺害。叛賊於獲得勝戰之後，猖狂歸來，以血水洗箭鏃箭把，並狂歌過市，狂飲不止。都市中人看到了，避過面來，向北方（行在）哀啼，而且迫切的希望官兵，早日歸來，驅除賊寇，安撫羣黎。

九、喜聞官軍已臨賊境

胡虜潛京縣，官軍擁賊壕。鼎魚猶假息，穴蟻欲何逃。帳殿羅玄冕，轅門照白袍。秦山當警蹕，漢苑入旌旄。路失羊腸險，雲橫雉尾高。五原空壁壘，八水散風濤。今日看天意，遊魂貸爾曹。亡降那更得，尙許莫徒勞。元帥歸龍種，司空握豹韜。前軍蘇武節，左將呂虔刀。兵氣回飛鳥，威聲沒巨鰲。戈鋋開雪色，弓矢向秋毫。天步艱方盡，時和運更遭。誰云遺毒螫，已是沃腥臊。睿想丹墀近，神行羽衞牢。花門騰絕漠，拓羯渡臨洮。此輩感恩至，羸俘何足操。鋒先衣染血，騎突劍吹毛。喜覺都城動，悲連子女號。家家賣釵釧，祇待獻春醪。

題解唐書：至德二年（載）閏八月，賊寇鳳翔，崔光遠與行軍司馬王伯倫等，率衆捍賊，並乘勝追擊，賊燒營而去。九月丁亥，廣平王將朔方及回紇軍十五萬之衆，發鳳翔，壬寅至長安城西，與賊將安守忠等，戰於香積寺之北，賊大敗，斬首六萬，賊帥張通儒棄京城走陝郡，癸卯大軍入京師，甲辰捷書至鳳翔。

譯述叛軍僭亂，盤據京師，官軍已佔領賊用戰壕，使賊衆有似沸鼎之魚，和穴中之蟻，將無所逃於天地間。當前侍御官員，冠裳威武，戰士悉着白袍，所向披靡。天子即將啟駕返京，凡所經道路，自秦山起，將清除行人。而旌旄節鉞，隨同護翼，以表現唐皇威儀。儘管羊腸險道，亦有雉尾障扇傍行，官軍決心清除賊壘，化解風波，天命有歸，爾等叛賊，必將伏誅。要請投降，純爲玄想，如果使詐假降，最好無庸如此。現在大軍統帥，爲廣平王俶，深謀遠慮，智計高卓，副元帥郭子儀，精六韜三略，能征慣戰，前軍統領李嗣業，所率官兵，皆屬蕃夷四鎮，勇於遠攻近取，僕固懷恩爲左廂兵馬使，配合呂虔大刀，擊賊所至皆克。兵器揮動，可使飛鳥轉向，也使巨鰲潛形，戈矛之鋒利如雪，弓矢秋毫必中，歷數之困阨已解，時令則日近太和，叛賊之威脅盡除，叛軍之兇殘斂跡。此皆出於廟算的正確，與軍力的威猛。加之邊陲大食、汗那諸國起兵相助，刀劍犀利，勇敢善戰，所至有功。京師民衆，家家出賣弃鐲，具備簞食壺漿，以迎王師及車駕返旆也。

楊西河評曰：字字精彩，句句雄壯，全是喜極涕零語。俞犀月則謂：可作軍中露布讀。

十、收京

汗馬收宮闕，春城鏟賊壕，賞應歌杕杜，歸及薦櫻桃。雜虜橫戈數，功臣甲第高。萬方頻送喜，毋乃聖躬勞。

題解收京：收復西京長安也。

譯述將士服膺廟略，流血流汗，收服了京城，春天到了，氣候溫和，乃將叛賊盤據時期，所有破壞及備戰設施，悉予復舊。當論功行賞，以娛官兵時，應唱小雅之歌，以示勞遠役而念征夫。迨至仲夏，天子薦庶饈之禮於宗廟，羹以櫻桃。協助平賊之回紇，特恐恃功邀賞。致力作戰諸將士，亦需慮及僭奢無宗。因此當萬方頌賀驅賊復京之日，也許即聖主勞心焦思的開始。杜公忠心國事，無時或釋，於玆益顯，且措詞含蓄不露，尤爲難能。

第四章　諷　世

一、送孔巢父謝病歸遊江東兼呈李白

巢父掉頭不肯住，東將入海隨烟霧。詩卷長留天地間，釣竿欲拂珊瑚樹。深山大澤龍蛇遠，春寒野陰風景暮。蓬萊織女回雲車，指點虛無引歸路。自是君身有仙骨，世人那得知其故。惜君只欲苦死留，富貴何如草頭露。蔡侯靜者意有餘，清夜置酒臨前除。罷琴惆悵月照席，幾歲寄我空中書。南尋禹穴見李白，道甫問訊今何如。

題解孔巢父字弱翁，早勤文史，與韓準、李白、張叔明、裴政、陶沔等，隱居徂徠，號竹溪六逸。孔謝病東遊，志在遯世。

譯述巢父性近太白，不習於官場禮數，因此藉病辭官，掉頭不顧而去，將到東海之濱去隱居。由傳言東海中有仙島，日爲雲霧所繚繞，杜公「隨烟霧」之說，卽藉用此意。巢父亦長於詩，曾有「徂徠集」行世，隱居無事，將垂釣海濱，或者遨遊小林川澤間，與龍蛇雜處。有時遇上春寒，日光苦短，風景依稀難辨，且迷途難返，於是蓬萊仙女，停車指點，以引向歸路。從此君家身上附有仙骨，惜世人不知，仍欲苦留君身，詎知君視富貴好像草頭上露水。爲君餞行的蔡侯，深意有餘，故特於深夜置酒，以誌留別。但月照席前，一曲初罷，無盡惆悵。自今別後，幾時或者幾年，能寄書告知行踪，如能於會稽探禹穴，見到李白，祈能代爲問候。

本詩眞意，似爲國家多故，志士仁人，亦卽有識之士，應挺身出任艱巨，以爲君上分憂，爲國家郅治盡力，不宜抽身遠隱，走向虛無。此意：可於「指點虛無引歸路」，「自是君身有仙骨」，「世人那得知其故」等句中，隱約見之。蓋杜公敦厚，不忍明白見責也。

二、元都壇寄元逸人

故人昔隱東蒙峰，已佩含景蒼精龍。故人今居子午谷，獨在陰崖結茅屋。屋前太古元都壇，青石漠漠當風寒。子規夜啼山竹裂，王母晝下雲旗翻。知君此計誠長往，芝草琅玕日應長。鐵鎖高垂不可攀，致身福地何蕭爽。

題解元都壇，爲漢武帝所築，在長安南山子午谷中。元逸人，隱者，依詩中所言，當爲杜公舊友。

譯述這位好友，昔日隱居在山東東蒙山，受到日月精華的陶鑄。現在則移居到子午谷來，在山崖的陰暗面，蓋了一所茅屋，正對着東漢時興建的元都壇，四週青石羅列，常漠然挺立寒風中，儘管子規寒夜哀啼，山竹凍裂，王母（依杜可修註，王母爲鳥名）白晝飛行，尾羽翩翻。因此了然於君將長此以往，日餐太上仙葯，芝草和琅玕，則生命必長。子午谷中，有高垂的鐵鎖，無人可攀，君家身居福地，情緒是何等自由而蕭爽。

本詩寫作動機，似與前作含意同。所謂：高格微言，令人咀嚼吟詠不盡。

三、樂遊園歌

樂遊古園崒森爽，烟緜碧草萋萋長。公子華筵勢最高，秦川對酒平如掌。長生木瓢示眞率，更調鞍馬狂歡賞。青春波浪芙蓉園，白日雷霆夾城仗。閶闔晴開詄蕩蕩，曲江翠幙排銀牓。拂水低回舞袖翻，緣雲清切歌聲上。却憶年年人醉時，只今未醉已先悲。數莖白髮那抛得，百罰深杯亦不辭。聖朝已知賤士醜，一物自荷皇天慈。此身飲罷無歸處，獨立蒼茫自咏詩。

題解樂遊園，爲西漢中宗皇帝，於神爵三年所建，在杜陵西北。長安志載，樂遊園（苑）

在京兆萬年縣南八里，亦名樂遊原。

譯述唐太平公主，於原上置亭，以爲遊賞之地。每年正月晦（最後一日）日，三月三日，九月九日，士女咸集此祓禊，登亭詩人，作樂、飲酒、吟詩，翌日卽傳於都市。此歌係杜公於天寶中之正月三十日於楊長史筵中醉後作。

樂遊園，建成已很久了，林木爽翠，輕烟似霧，環繞林木間，碧草如茵。公子，指楊長史，豪華酒筵，擺設在園中最高處，秦川亦名樊川，象徵在高處飲酒，四周環顧，一覽無遺。西京雜記裡，記有上林苑中，有千年長生樹十株，萬年長生樹十株。所謂：長生木瓢與更調鞍馬云云，意指長史筵席上用具之華貴，與場面之濶綽，所以主客盡情歡賞。芙蓉園，在曲江西南，爲唐之南苑，蓋借以與樂遊園並論，以示繁盛。開元二十年，築夾城，自大明宮沿皇城複道，經通化門，以達興慶宮，次經春明延喜門，至曲江芙蓉城，此蓋隱射明皇利用夾城遊幸，忽視國政。閶闔：天門也，當晴而開，無盡寬敞。曲江之上，翠幃低垂，與銀牓相互輝映。宮女的舞袖，繞地翻飛，宮女頭上高聳的髮髻，像綠雲一樣，隨歌聲而蕩漾。想到每年參加酒會的人，於暢飲酣醉後，情態多不自然。今年參加酒會者，酒未醉，心緒則極爲悽愴。頭上已添了白髮，雖罰酒百杯，亦不願推却。聖朝念及寒士窘迫，特准予參加此一盛會，至有酒可飲，內心極爲感動，但盛筵過後，此身何托，無已，祇好面對茫茫蒼天，吟詩自歎了。

四、麗人行

三月三日天氣新，長安水邊多麗人，態濃意遠淑且眞，肌理細膩骨肉勻。綉羅衣裳照暮春。蹙金孔雀銀麒麟。頭上何所有，翠微㔩葉垂鬢脣。背後何所見，珠壓腰衱穩稱身。就中雲幕椒房親。賜名大國虢與秦。紫駝之峰出翠釜。水晶之盤行素鱗。犀筋厭飫久未下，鸞刀縷切空紛綸。黃門飛鞚不動塵。御厨絡繹送八珍。簫管哀吟感鬼神。賓從雜遝實要津。後來鞍馬何逡巡。當軒下馬入錦茵。楊花雪落覆白蘋。青鳥飛去銜紅巾，炙手可熱勢絕倫。愼莫近前丞相嗔。

題解宋犢文曰：唐人不諱宮掖，擬之樂府，亦羽林郎之亞也。

陸時雍曰：詩言窮，則盡意，褻則醜。少陵麗人行，太白楊叛兒，一以雅道行之，故君子言有則也。

李安溪曰：歐陽文忠公言，春秋之義，痛之深則詞益隱，子般卒是也。刺之切，則旨益微，君子偕老是也。此詩實與美目、巧笑、象揥、綃絺同旨，詩至老杜，乃可與風雅代興耳。

王無功三月三日賦，聚三都之麗人，杜公詩題本此。

杜公此詩，目的在諷揚國忠兄妹，穢亂行爲而作。和他另作：兵車行、哀江南、三吏、三別、等篇一樣，屬於樂府題材，與曹氏父子用古題寫新詩的風格，有所改變，即用新題寫新詩。此詩寫於天寶十二年春，當時玄宗生活，日益頹廢，寵幸楊氏兄妹，也日益加重。致楊氏等生活的奢靡，享用的豐隆，出遊時儀仗的壯盛，無與倫比，人爲之側目

譯述三月三日這一天，天氣晴朗，當時的人們，習慣性到水邊，去袚除不祥，名爲修禊，其俗：源如晉之王右軍的蘭亭修禊故事。爾後，類此行爲，漸變爲春日佳遊，成爲人們春天假日必有活動。麗人們春日出遊，意態賢淑、豐姿嬌美、衣着錦艷，上綉花紋，有金色孔雀，銀色麒麟。頭上的妝扮，有翡翠鑲成的髮飾，下垂於鬢邊。裙帶上配有珍珠，繫在腰上，使衣着更爲合身。現在曲江水邊所佈置雲幃、雲帳、雲幕的人，是皇帝的后妃和其近戚（指楊國忠兄妹），楊貴妃玉環得寵後，姊妹皆受封國夫人，大姨封韓國夫人，三姨封虢國夫人，八姨封秦國夫人。烤食駱駝背上隆起處之肉，美味，是珍貴食品，習稱駝峰。裝於水晶之盤內，並用犀牛的筋做成的筷子，儘管餐具如此精製，菜餚如此精美，但以日常飲食過飽，有無法下箸之感。儘管菜餚切盛精細，亦無用處，而傳送的黃門官員，乘馬奔馳極快，御厨房裡的珍品，仍復絡續送來。在宴飲進行中，笙簫管

樂，配合着歌舞吹奏，使鬼神都爲之動容。而參與宴會者，皆爲身居要津的高級官員，往來筵席間，人數衆多，後到的人，已無席次可容，祇好在那附近徘徊，以便獲致入席機會。至於貴賓，如韓國、虢國、秦國夫人等，則當着飲宴敞廳下馬，立在錦綉的地毯上，旁若無人。此外，祇有飛花，落葉、青鳥，可以來往於飲宴地區，足見貴族氣焰凌人，其他行者，是不能也不敢接近的。杜公篤厚，諷不傷情，刺不傷雅，耐人玩味。

五、醉時歌

諸公衮衮登臺省，廣文先生官獨冷，甲第紛紛厭粱肉，廣文先生飯不足，先生有道出羲皇，先生有才過屈宋。德尊一代常坎坷，名垂萬古知何用。杜陵野客人更嗤，被褐短窄鬢如絲。日糴太倉五升米，時赴鄭老同襟期。得錢卽相覓，沽酒不復疑。忘形到爾汝，痛飲眞吾師。清夜沈沈動春酌，燈前細雨簷花落。但覺高歌有鬼神，焉如餓死塡溝壑。相如逸才親滌器，子雲識字終投閣。先生早賦歸去來，石田茅屋荒蒼苔。儒術於我何有哉。孔丘盜跖俱塵埃。不須聞此意慘愴，生前相遇且銜杯。

題解贈廣文館鄭虔。

王嗣奭云：此詩總屬不平之鳴，無可奈何之辭，非眞謂垂名無用，非眞謂儒術可廢，亦非眞欲孔跖齊觀，非眞欲同尋醉鄉也。公詠懷詩云：「沈飲聊自遣，放歌破愁絕」，卽可移作此詩之解。

譯述唐官制：御史臺，中書省、尙書省、門下省的官員，皆淸要之職，官高位顯，但待遇並不豐裕，鄭虔才高名重，不善於政務，元宗特設廣文館，以博士安置之。政務淸閒，而祿更薄，貧約有加，淡如也。京師北闕，高級官員，甲第連雲，酒肉都不願品嘗了。廣文館中的學士，（指鄭虔）則常常連飯都吃不飽。但他的道德。可上比羲皇，他的才學，則遠過屈原、宋玉，情操爲一代之尊，偏偏仕路坎坷，難獲重用。如此，就是將來名垂千年萬世，又有何用呢？至杜陵地區生長的布衣之士（公自喻），身着粗褐色的短衣，頭髮已日漸斑白，在米貴如珠狀況下，能日購太倉的五升米，已經很不容易。無聊時，常到廣文館，與博士共舒襟懷。有了錢，則沽酒邀飲，而忘却彼此的際遇，減去煩擾。因此暢飮眞好，每於淸夜，美酒當前，盡情淺斟低酌，簾外烟雨與簷下落花，都不去管它了。每於置酒高歌，總覺有鬼神暗助。至於因窮愁而餓死，以塡溝壑，則不去計較。司馬相如，令文君當壚，自則着犢鼻褌以滌器於市，一代逸才，尙復有此遭遇。揚雄任校書於天祿閣上，常自投於下，亦極爲落薄。自古才人，失意者大有人在，豈獨我輩兩人。應可辭官歸隱，有田，有茅舍，日伴蒼苔，就可自傲，儒士學問，何足輕重。

君不見孔聖與盜跖，不是一同腐朽了，不要重視悲悽的遭遇？且共同舉杯一醉吧？此詩先嘲鄭虔，再嘲自己，後又舉前輩文學之士，亦有多不得意者爲自解，亦爲鄭虔解，最後以歸田與同入醉鄉作結，言有盡而意靡窮，讀之能不一灑同情之淚。

六、戲作花卿歌

成都猛將有花卿，學語小兒知姓名。用如快鶻風火生。見賊惟多身始輕。綿州副使著柘黃，我卿掃除卽日平，子璋髑髏血模糊。手提擲還崔大夫。李侯重有此節度，人道我卿絕世無。既稱絕世無天子，何不喚取守東都。

題解花驚定爲西川牙將，恃勇誅段子璋，大掠東蜀，乃罷之。其衆在丹稜縣之東館鎭，血食其鄉、杜公以是歌之。王西樵云：花卿功罪不相掩，少陵筆下，亦雙管齊下。朱鶴齡曰：花卿恃勇剽掠，不過成都一猛將耳，使移守東都，安能掃除大寇，末語剌之，意甚微婉。張溍曰：在遠故縱掠，至內地則不敢妄行，亦所謂因材器使之道。

譯述西川猛將花驚定，斬叛將段子璋後，受知於時。作戰時，行動飄忽，如風助火勢之猛烈。每與賊遇，輕快矯捷。對身僭着天子服的綿州副使段子璋，力予掃除，其亂卽平。

花卿之威猛勇敢，一時無儔。東川節度使李奐，於亂平後復還。花卿如此能征善戰，慓悍有加，爲何不調往東都駐守呢，蓋此時，史朝義殺其父思明後自立，時據守東都。此詩先論花驚定，一舉平賊，英氣凜然，並以「髑髏」，「擲還」二義，與保障李奐回任東川節度使，以顯其英烈。但心高氣傲，目無天子，不堪大用。結語寓讚爲諷，亦敦厚微義。

七、贈花卿

錦城絲管日紛紛，半入江風半入雲，此曲祇應天上有，人間能得幾回聞。

題解贈花驚定也。

譯述花驚定平亂有功，軍威頗壯。但其人剽悍有餘，謀略不足，當平亂之後，極盡絲竹管弦之享樂，自爲不可避免。在安史劇禍，尙未消弭之時，領軍將軍，竟然每日歌舞狂歡，似於忠勤國事，有其缺憾處，杜公作此詩以譏之，又何常不是詩人愛國的徽音。

八、嚴中丞枉駕見過

元戎小隊出郊坰，問柳尋花到野亭。川合東西瞻使節，地分南北任流萍。扁舟不獨如張翰，皀帽應兼似管寧。寂寞江天雲霧裡，何人道有少微星。

題解嚴武初以御史中丞出爲綿州刺史，遷東川節度使，除西川節度史敕令兩川都節度。

譯述武以輕車簡從訪杜公於鄉村，沿途觀賞花物，來到了野外的村落。武的官位爲東西川都節度使，地位崇高。但杜公無固定官守，南北地區飄行不定，有似辭官歸隱的張翰，亦似避世海濱的管寧，生活的寂寞，身心的飄蕩，如同在雲霧裡一般，有誰知道呢？也許知我的人，惟有你嚴公一人吧？

本詩强調嚴武忘記本身崇高地位，折節下交，使內心感奮，故結語意味深長，發人深省。

九、陪李梓州王閬州蘇遂州李果州四使君登惠義寺

春日無人境，虛空不住天。鶯花隨世界，樓閣寄山巔。遲暮身何得，登臨意惘然。誰能解金印，瀟灑其安禪。

題解惠義寺，在梓州郪縣北，長平山巔。閬州屬山南西道，遂州屬劍南道，果州亦屬山南西道。

譯述春天，水清物華，郊野寂寂，四境的寧靜，似乎連天空也渺無所見。黃鶯與花，雖能言能笑，但在大千世界裡，亦若有若無，高樓崇閣，枕寄山巔，也予人以孤寂空虛之感

。年歲一天天老去，此身則一無所得，登臨山頂而情意惘然。値此虛無空寂世界，誰人能夠打破名利關頭，辭官解印，無拘無束的，來渡此清靜無爲的生活呢？

十、種萵苣 有序

既雨已秋，堂下理小畦，隔種一兩席許萵苣，向二旬矣，而苣不甲折，獨野莧青青，傷時君子，或晚得微祿，轗軻不進，因作此詩。

陰陽一錯亂，驕蹇不復理。枯旱於其中，炎方慘如燬。植物半蹉跎，嘉生將已矣。雲雷忽奔命，師伯集所使。指揮赤白日，澒洞靑光起。雨聲先以風，散足盡西靡。山泉落滄江，霹靂猶在耳。終朝紆颯沓，信宿罷瀟灑。堂下可以畦，呼童對經始。苣兮蔬之常，隨事蓺其子。破塊數席間，荷鋤功易止。兩旬不甲拆，空惜埋泥滓。野莧迷汝來，宗生實於此。此輩豈無秋，亦蒙寒露委。翻然出地速，滋蔓戶庭毀。因知邪干正，掩抑至沒齒。賢良雖得祿，守道不封已。擁塞敗芝蘭，衆多盛荆杞。中園陷蕭艾，老圃永爲恥。登於白玉盤，藉以如霞綺。莧也無所施，胡顏入筐篚。

題解朱鶴齡認爲杜公以萵苣自喩，証之序言中「晚得微祿」語，信然。

譯述天道按春夏秋冬四序運行，故萬物春生而夏榮。現値秋季，陰陽顚倒，秋涼時節，驕陽肆虐，旱亢時見，雨水絕少，地面生物枯槁，日烈有如火焚，田禾多半枯死。但「天油然作雲」，風先吹起，烈日漸淡，積雲蒸鬱，雨着地有聲，一時風雨交加，山洪瀉落，其聲震耳，整日不停，隔夜纔止。廳堂之外，可以種蔬菜，乃呼童翻土後，種下萵苣，這是蔬菜中必種者，在已整理數塊土地上經營，完成很快。誰知時逾兩旬，尚未萌芽，泥土上顯得一片空濶。但野生莧菜，却不知緣何而來，竟遍地滋生。這些野莧，當着秋涼露冷，不久當會萎落；但生長竟然迅速，很快掩沒徑庭。由之可以了然，奸邪干犯正人君子，可以使人沒落。而賢良君子，守正不阿，仕進不易，不若善於趨炎附勢之徒，便於獲致高位，把持宦途，亦如萵苣之生長不蕃，野莧則滋蔓覆地，也如荆棘遍野，芝蘭無地可容。所謂：蕭艾繁榮，蘭芷凋殘，身任園藝工作之人，能不引爲羞恥。但白玉盤中，祇盛萵苣，不裝野莧。

此詩杜公拙於仕途，致長才難於展布，終歲鬱鬱，故有野莧掩抑家苣之思，終以富貴人家桌上，白玉盤中，野莧終受到汰除，亦邪者終不能勝正人，君子總有撥雲見天之日也。

第五章　離　亂

一、兵車行

車轔轔，馬蕭蕭，行人弓箭各在腰。耶孃妻子走相送，塵埃不見咸陽橋。牽衣頓足攔道哭，哭聲直上干雲霄。道旁過者問行人，行人但云點行頻。或從十五北防河，便至四十西營田。去時里正與裹頭，歸來頭白還戍邊。邊庭流血成海水，武皇開邊意未已。君不聞漢家山東二百州，千村萬落生荊杞。縱有健婦把鋤犂，禾生隴畝無東西。況復秦兵耐苦戰，被驅不異犬與鷄。長者雖有問，役夫敢伸恨，且如今年冬，未休關西卒。縣官急索租，租稅從何出。信知生男惡，反是生女好。生女猶得嫁比鄰，生男埋沒隨百草。君不見，青海頭，古來白骨無人收。新鬼煩冤舊鬼哭，天陰雨濕聲啾啾。

題解玄宗時，窮兵吐蕃，徵戍遍國內，此詩故託從征者自愬之辭。

蔡寬夫曰：齊梁以來，文士喜爲樂府詞，往往失其命題本意，惟老杜兵車行，悲青坂，無家別等篇，皆因時事，自出己意，立題不蹈前人陳跡，眞豪傑也。

沈確士云：縱筆所之，猶龍夭矯，足以驚風雨而泣鬼神。

譯述許多車輛在行動，發出了輪子與地面磨擦的聲音：馬也在嘶叫，被征去服兵役的人，弓與箭挂在腰間，當啟程時，父母妻子，均走來送行，人羣擁擠，塵埃遮天，長安城北的咸陽橋，都被飛塵掩着，牽着衣裳，跳着雙足，攔着道路的哭着鬧着，聲音上冲天際。過路的人，向被徵者問訊，答以按征兵名册，一次又一次的征集，到黃河以西的地方去防備吐蕃，並從事屯田，做些開墾的工作，以長期駐守。應徵者於受徵召時，由里長陪送到征集處，待歸來時，都已經頭髮皆白了。儘管如此，玄宗開拓邊疆的意趣，並未終止。你聽說過嗎？華山以東的許多州郡裡，所有的地面上，都長滿荆棘，雖有健壯的婦女，能夠耕耘，但耐力有限，除草施肥的工作不夠，禾苗多不結實。雖有詢及，關中之人，身體健康，耐經久苦戰，被征調的次數特別多，直如驅逐鷄犬。被征之人，誰敢有所伸訴。在函谷關以西地區的人，一直未停止征集。但縣官來索租稅，在田地荒蕪，毫無收成下，租稅如何繳納。由此可知，生男孩不如生女孩的好，因爲生女孩可以嫁到相近的鄰家去，生男孩，則遠戍邊疆，不是戰死就是老死，而掩沒不見。你看見過嗎？在開元中，於青海地區，大破吐蕃，殺人無算，白骨堆積遍野，向少人收埋。大小鬼魂，歸家不得，哭鬧不休，尤當天陰落雨時節，其哭鬧更甚。此詩之作，在數說征役繁苛招至民生凋敝，冀人主鑒微知著，少事黷武，以甦民困，眞三百篇遺音。

二、哀江頭

少陵野老呑聲哭，春日潛行曲江曲，江頭宮殿鎖千門，細柳新蒲爲誰綠。憶昔霓旌下南苑，苑中萬物生顏色。昭陽殿裡第一人，同輦隨君侍君側。輦前才人帶弓箭，白馬嚼齧黃金勒。翻身向天仰射雲，一笑正墮雙飛翼。明眸皓齒今何在，血汚游魂歸不得。清渭東流劍閣深，去住彼此無消息。人生有情淚霑臆，江水江花豈終極。黃昏胡騎塵滿城，欲往城南望城北。

題解杜公在賊中時，覩曲江水花翻滾如昔，而帝后已不在，哀思無盡，蓋帝與貴妃，過去常遊幸曲江，而今則物是人非，故以哀江頭爲名。

張戒，歲寒堂詩話，談及楊太眞故事，唐人吟咏至多，然類皆無禮，但太眞配至尊，豈可以兒女私情黷之耶？惟杜子美則不然。哀江頭詩，「昭陽殿裡第一人，同輦隨君侍君側」，不待云：嬌侍夜醉和春綠，而太眞之專寵可知。不待云玉容梨花，而太眞之絕色可想也。至於言一時行樂事，不斥言太眞，而但言輦前才人，此意尤不可及。如云「翻身向天仰射雲，一笑正墮雙飛翼」。不待言：「緩歌慢舞凝絲竹，盡日君王看不足」，而一時行樂可喜事，筆端畫出，宛然如在目前。「江水江花豈終極」，不待云：「比翼鳥，連理枝，此恨綿綿無盡期」。而無窮之恨，黍離麥秀之悲，寄於言外。其詞婉而雅，其意微而有禮，眞可謂得風人之旨者。元白數十百言，竭力摹寫，不若子美一句，人才高下乃如此。

王西樵云：亂離事，只敍得兩句，淸渭以下，絕以唱嘆出之，筆力高不可及。

譯述漁陽戈鼓，晴天霹靂，長安城內繁華，爲之頓改，明皇幸蜀，貴妃縊死於馬嵬坡，帝闕變爲賊營，紫禁城爲叛徒所據。杜公陷身其中，潛形避開賊人耳目，展望昔日江山，傷感何已。春日潛行，千門爲賊人所封阻，細柳新蒲，春到、綠滿枝頭，但有誰來欣賞。憶開元年間。旌旗常臨南苑，苑中景物，都爲之生色，專寵的貴妃楊太眞，常與天子同輦而行，寸步不離君側。內侍中有一宮娥，携帶着弓箭，騎着白馬，馬嚼住黃金勒，翩然馳出玉輦之前，翻身一箭，射向天際，不偏不倚，恰好射中空中雙飛比翼鳥，而墮落馬前，博得天子與貴妃的一笑。但明眸皓齒的貴妃，早已自縊身死，遊魂無依。渭川之水東流，劍閣棧道，則迤邐而西，生離死別兩相渺茫，彼此難再通消息。人孰無情，能不淚灑衣襟。曲江的水翻湧浪花，如何遣此黃昏。叛賊滿城流動，我將何去何從呢？去城南還是城北？徘徊瞻顧，如何可已。

此詩藉江頭以哀貴妃，更悲唐室國運的不幸，幾招至覆亡之禍。杜公以憂國憂時之心寫出，令人爲之戚然。

三、月夜

今夜鄜州月，閨中只獨看。遙憐小兒女，未解憶長安。香霧雲鬟濕，清輝玉臂寒。何時倚虛幌，雙照淚痕乾。

題解王右仲云：公本思家，反想家人思己，已進一層。至念及兒女，不能思己，又進一層。五六語麗情悲。末想到聚首時，對月舒愁之狀，詞旨婉切。

譯述今天夜晚，鄜州天空所現出的月光，祇有閨中人獨自欣賞了，因杜公之夫人，時寓鄜州故也。身在遙遠的長安，小兒女們，年幼識淺，如何會想到陷居賊人控制下的父親。閨中之人，望月思人，久久不忍返室，以致夜霧染濕髮鬢，涼意侵入手臂。何時可以聚首，而對月舒愁，並展顏一快呢。

四、春望

國破山河在，城春草木深。感時花濺淚，恨別鳥驚心。烽火連三月，家書抵萬金。白頭搔更短，渾欲不勝簪。

題解溫公詩話：古人爲詩，貴於意在言外，使人思而得之。近世惟杜子美最得詩人之體，如此言僅有山河在，明言已無餘物矣。草木深，明言已無人矣。花鳥爲平時可娛之物，見之而泣，聞之而悲，則時事可知矣。

譯述國已殘破，一切都被賊毀，所剩者僅有山與河的型貌。春天到了，滿城的野草滋生，人烟稀少。春花嬌美，如係平時，當可供人們遊觀，現在看花，則無盡心酸，眼淚自動濺落地上。別離，使人黯然，當前，在賊勢猖獗下，惟有別可以苟延生命，但飛鳥也因人們的別去，而心驚不已。兵火戰亂，已連續過了兩次三月，時間如許長，人們對家書的重視，甚如萬兩黃金。頭髮日漸白了，也日漸落了，幾乎連簪子也不勝負荷。此詩全以意在言外筆法寫出，滿懷沉痛，不能自已。

五、吹笛

吹笛秋山風月清，誰家巧作斷腸聲。風飄律呂相和切，月傍關山幾處明。胡騎中宵堪北走，武陵一曲想南征。故園楊柳今搖落，何得愁中却盡生。

題解此詩句句詠物，筆筆寫意，用巧而不自覺。阮晟聞笛有云：客中月夜，若聞此聲韻，令人斷腸，況經亂離，遠離家鄉者乎。

譯述在這月白風清之際，誰人在秋山之上吹弄，其音悽切，微風將其音韻吹來，令人不忍卒聽，而關山遙阻，家人團聚不易，胡騎值此月夜，多生懷鄉之念，有向北歸去的感覺。而武陵一曲，創自馬伏波，雖爲南征而作，實則寓有厭戰離家之深意在也。想故園楊柳，搖曳多姿，今果如何？飄零了嗎？可以復生嗎？思鄉念切，致人痛楚。

六、閣夜

歲暮陰陽催短景，天涯霜雪霽寒宵。五更角鼓聲悲壯，三峽星河影動搖。野哭千家聞戰伐，夷歌幾處起漁樵。臥龍躍馬終黃土，人事音書漫寂寥。

題解蘇東坡：七律之偉麗者，子美之「旌旗日暖龍蛇動，宮殿風微燕雀高」，「五更角鼓聲悲壯，三峽星河影動搖」。爾後寂寞無聞。

歐陽永叔曰：「蒼波萬古流不盡，白鳥雙飛意自閒」，「萬馬不嘶聽號令，諸蕃無事樂耕紜」。可以併驅爭先矣。

李天生曰，以樸氣行壯彩，非泛爲聲調者可比。所謂樸氣，則是作者全副精神之所赴者。若不如是，則聲調雖響，又何足貴乎。

譯述秋天，寄寓西閣，陰陽景短，則是歲律云暮之時，浪跡天涯，寒夜風雪，實難入寐。迨雪霽近曉，角聲悲壯，而峽中流水湍急，浪花翻白如雪，不免驚心動魄。況蜀亂未平，羌夷雜處，野哭夷歌，家家愁苦，漁樵亦難安其所業。年歲漸老，逢此離亂，何時可以再見清平之世。儘管羽扇綸巾不可一世的諸葛武侯，與躍馬稱帝的公孫述，也終歸黃土。世人無論賢愚，誰又能不同歸於盡。因此面對着漫漫長夜，又何足計較。

此詩杜公感慨於當時無人爲國平亂，却多製造亂階之輩，而無可如何。

七、登高

風急天高猿嘯哀，渚清沙白鳥飛廻，無邊落木蕭蕭下，不盡長江滾滾來。萬里悲秋常作客，百年多病獨登臺。艱難苦恨繁霜鬢，潦倒新亭濁酒杯。

題解胡元瑞云：登高一律，如海底珊瑚之瘦勁而難移，沉深不測，精光萬丈，力逾千鈞，全章章法、句法，用字法，均前無古人。此當爲古今七律中之第一，蓋其氣象高渾，如巫山千尋之雲走風連，爲七律中稀有之作。

譯述風急，天空高朗，秋氣瀟疏而猿聲哀啼，洲渚清澈而沙呈白色，候鳥來廻飛翔，長江綿邈落葉蕭蕭飄流而下，滾滾向東，無窮無盡。舉目萬里，皆爲秋色所籠罩，而久客於此，其內心的悲涼可知。又獨自登臨高臺，結伴無人，以多病之身，在窮愁潦倒情況下，其愁何待明言。多少年來，顛沛流離，備嘗艱苦，白髮頻添，濁酒雖然滿杯，但窮愁難遣，有何趣味呢？

八、寄李十二白二十韻

昔日有狂客，號爾謫仙人。筆落驚風雨，詩成泣鬼神。聲名從此大，汨沒一朝伸。文彩承殊渥，流傳必絕倫。龍舟移棹晚，獸錦奪袍新。白日來深殿，靑雲滿後塵。乞歸優詔許，遇我夙心親。未負幽棲志，兼全寵辱身。劇談憐野逸，嗜酒見天眞。醉舞梁園夜，行歌泗水春。才高心不展，道屈善無憐。處士禰衡俊，諸生原憲貧。稻粱求未足，薏苡謗何頻。五嶺炎蒸地，三危放逐臣。幾年遭鵩鳥，獨泣向麒麟。蘇武先還漢，黃公豈事秦。楚筵辭醴日，梁獄上書辰。已用當時法，誰將此意陳。老吟秋月下，病起暮江濱，莫怪恩波隔，乘槎與問津。

題解此詩爲李白流放夜郎未赦時所作，白以永王璘故，蒙誣被放，杜公於詩中力辯其寃。

譯述賀知章自號四明狂客，遇白於紫極宮，呼爲謫仙人，認白所作烏棲曲，謂可以泣鬼神矣。知章建白於玄宗，受召見於金鑾殿，奏頌一篇，立獲懋賞，賜供奉翰林。一日，上命李龜年，持金花牋，宣李白作詩，白宿酒未解，援筆爲賦淸平調三章。從此聲名大噪，而寵遇優渥，在文職官員中，一時無兩。於是京師學士、文人，追隨左右者日衆，白至此日益踞傲，常無禮於高力士，乃爲高力士所謗，無法受重用。於是乞放歸，上賜金准白離去。所謂寵辱不驚，能保身而退。

杜公寫至此，乃轉而寫自身遇合離奇，難酬宿願，無已，祇好借酒消除積愫，並回憶天寶年間，白東遊，相遇齊梁間，縱酒高會，狂歌醉舞，無盡歡娛。惟兩人均才智之士，一爲放歸，一爲時運蹉跎，幸能不期而遇，相見投緣乃訂交，自負貧而樂道，傲岸不羣。當永王璘反時，白被徵，實出於不得已，蓋爲稻粱謀，但謗諷立至。亦如馬援當年征交趾，載「薏苡仁」種返國、意在移植，而誣者却說爲明珠。目的在爲白辯誣，亦卽未參考永王璘謀反事故。所謂五嶺三危，卽：始興，大庾嶺。桂陽，騎田嶺。九眞，都龐嶺。臨賀，萌渚嶺。始安，越城嶺。三危山，在今甘肅敦煌縣東南，山有三峰，故曰三危。蓋以其地荒寒，人烟疏稀，距夜郎極近。白流年不利，如賈誼的謫長沙，鵩鳥（卽鴞鳥）入室，杜公亦背時不遇，有似孔子的獲麒麟而絕筆。蘇武的被迫不屈，終得還漢。四皓之一的黃公，決不會事秦。比喻李白絕不致於奉事永王。且白於繫獄時，曾作詩：「半夜水軍來，潯陽滿旌旃，空名適自誤，迫脅上樓船……」以自解。然仍被定罪，而無人救助，後遇赦，還潯陽。但如李白之才華，竟未受重用，蒼天無眼耶，故杜公欲乘槎以問天。

詩之原意，首在記述白以詩名才名獲眷注，但又因傲岸而放歸，中以被誣，力爲辯解。後則以有若孔氏之獲麟絕筆，白與己兩人，終未被用，惟有乘槎問天作結。

九、春歸

苔徑臨江竹，茅簷覆地花。別來頻甲子，歸到忽春華。倚仗看孤石，傾壺就淺沙。遠鷗浮水靜，輕燕受風斜。世路雖多梗，吾生亦有涯，此身醒復醉，乘興卽爲家。

題解廣德二年，嚴武再鎭蜀，成都之亂將平，故杜公亦歸草堂，再往依之。題爲「春歸」者，卽春日歸草堂之意也。

譯述綠竹依依，臨江叢生，苔痕沒徑，落花覆地。由於兵燹災禍，而避地他適，未加剪修。爾來歲月頻換，迨重返時，正逢春到草堂，百花爭發，草堂仍然存在。於是手倚竹杖追尋舊日風光，孤石卓立，淺沙細細，遠鷗浮於水面，小燕受風而斜飛，好一遍寧靜世界，顧而樂趣有加，能不傾杯一醉。於今蜀亂雖平，但世路梗阻猶多，我的生命也日漸老去，欲圖振作，亦無能爲力。無已，惟有日進醉鄉，聊以自遣。

此詩以春日返回舊居，徜徜於舊有風光裡，舉杯遣懷，表面似甚安適。實則「才大難爲用」，內心的苦楚，誰堪告語。

十、登樓

花近高樓傷客心，萬方多難此登臨。錦江春色來天地，玉壘浮雲變古今。北極朝廷終不改，西山寇盜莫相侵。可憐後主還祠廟，日暮聊爲梁甫吟。

題解杜公歸成都，依嚴武爲活，此際吐蕃之勢仍猖獗，侵擾到達蜀境邊沿，亂離正急，誰可任撥亂而使歸於承平者。身雖在蜀，心未嘗忘及朝廷，故有是作。

譯述春光滿眼，花開處處，當爲人們賞心悅目之時。但國家多亂，邊警又告急，久客他鄉，隻身登此樓臺，有何景色可以遊目騁懷，儘管錦江在春色照臨下，滿眼皆顯出清朗風緻。惜乎變亂相尋，成敗難期，有似浮雲變幻，非古非今，誰能免於傷感。北狄吐蕃陷京師，爲郭子儀擊敗而規復。然偌輩冥頑不改，尚頻頻入寇西山，擾亂人心。朝廷任用程元振、魚朝恩輩，以招致外侮，亦如蜀後主之用黃皓然。君德之不明，國政不易改善，匡復之功不易建立。高樓低徊，日落天暮，百無聊奈，祇有亦如諸葛孔明，在未遇劉先主前，聊爲「梁甫吟」以自遣，並自比擬於諸葛孔明也。

此詩古之評者，多認爲氣象雄偉，籠蓋宇宙，是杜公詩中上乘之作。

第六章　遺　懷

一、秋興八首評述

昔潘岳有秋興賦，因以秋興名篇。

清高宗乾隆帝對秋興的評價極高，也極允當，玆錄如下：「近體以七律爲難，唐代名家，人不數首，其量固有所止也。獨至杜甫，天授神詣，造絕窮微，卓然爲千古之冠。如此八首，根源二雅，繼迹騷辯，思極深而不晦，情極哀而不傷，九曲回腸，三疊怨調，諷之足以感盪心靈，眞使九天之雲下垂，四海之水皆立，其所自言，足以喻矣。況拳拳忠愛，發乎至情，有溢於語言文字之表者哉」。

郝楚望云：八首才大氣厚，格高聲宏，眞足虎視詞壇，獨步一世。

陳眉公云：雲霞滿空，回翔萬狀，天風吹海，怒濤飛湧，可喻老杜秋興諸篇。

王阮亭云：秋興八首，皆雄渾豐麗、沈着痛快，其有感於長安者，但極言其盛，而所感自寓於中，徐而味之，凡懷鄉戀闕之情，慨往傷今之意，與夫戎寇交侵，小人病國，風俗之非舊，盛衰之相尋，所謂不勝其悲者，固已不出乎意言之表矣。

沈歸愚亦云：懷鄉念闕，弔古傷今，杜老生平，具見於此，其才氣之大，筆力之高，天風海濤，金鍾大鏞，莫能擬其所到。

潘安仁云：其大略爲少陵時流寓蜀之夔州，欲艤舟以出峽山，覩秋物之蕭條，感身世之寥落，因以思家國之蒼茫，遙望京華，爲詩八首，借以興心之所思，故題曰秋興也。先領此意而求之，則八首線索，思過半矣。

二、秋興之一

玉露凋傷楓樹林，巫山巫峽氣蕭森。江間波浪兼天湧，塞上風雲接地陰。叢菊兩開他日淚，孤舟一繫故園心。寒衣處處催刀尺，白帝城高急暮砧。

譯述玉露既降，楓葉凋零，巫山巫峽之間，肅殺之氣，蕭森逼人。而江上波濤洶湧，幾與天相接。而邊疆的外侮，遍地騷擾，何日得到安寧。自由成都來夔州，已看到菊花兩度開放了。長期淹留此地，上下不得，京華故都，現在變成甚麼樣子了？內心委實放不下來。但秋深露冷，蕭然羈旅，寒衣尚未剪裁，聞白帝城下、暮砧的聲响，情懷何堪？

三、秋興之二

夔府孤城落日斜，每依北斗望京華，聽猿實下三聲淚，奉使虛隨八月槎，畫省香爐違伏枕，山樓粉堞隱悲笳。請看石上藤蘿月，已映洲前蘆荻花。

譯述長期的羈留，又一次經秋，照在夔府城頭的日光，已近偏向西方，快要落入地平綫下。但遙望北面的帝闕，關山遙阻，能不黯然。夔地多山，陰冷較平地爲甚，寒猿三啼，使人爲之墜淚，奉嚴武節度使令赴京未成，時光虛擲。憶昔在京華時期，身爲朝官，旅進旅退，爐烟飄香，何等風光。今則困處巴蜀，惟聞白帝城上，悲笳隱隱，纔覩日斜，又見月照藤蘿，並掩映出蘆荻之花。其此中隱含長留夔州，由白日而薄暮，而月出，而天曉。斗柄輪廻，歲月虛度，良可慨也。

四、秋興之三

千家山郭靜朝暉，日日江樓坐翠微。信宿漁人還泛泛，淸秋燕子故飛飛。匡衡抗疏功名薄，劉向傳經心事違。同學少年多不賤，五陵衣馬自輕肥。

譯述清晨，曉曦初出，千家山郭，一遍清輝。每日獨坐江城，欣償山光水色，兼及漁人江上泛舟，燕子樓中飛來飛去，活動半徑有限，亦如自己之留夔難去，懊傷何已。憶漢匡衡，於元帝初登大位，上疏力言政治得失，而獲懋賞，累進爲丞相。漢劉向亦因數上封事，雖未獲遷官，仍於講學中獲榮顯。而杜公自己呢？一則抗疏營救房琯，受斥未獲平反。二則寄食嚴武，白頭幕府，襟懷無由展布，以致功名既薄，心事亦違。遙望京師，那些高居卿相官員，皆輕衣肥馬，風度翩翩，則國事如何可爲？此中暗喻老成被斥，新進者皆少不更事。

五、秋興之四

聞道長安似奕棋，百年世事不勝悲，王侯第宅皆新主，文武衣冠異昔時。直北關山金鼓震，征西車馬羽書馳。魚龍寂寞秋江冷，故國平居有所思。

譯述肅宗收復京師後，委任官員中，多所夤緣，無學無術，謀國無定策，執政無遠謀，朝令夕改。有如奕棋的隨時將棋子異位，而一無定算然。如此勢必遺禍百年，而令人有不勝悲痛之感。王侯第宅，所居皆爲新貴，文武官員亦多倖進，使冠裳倒置。而新貴愈多，國政愈不可爲。故北有回紇的入寇，西有吐蕃的騷擾，戰鼓聲聲動地來，邊疆告急與求助的文書，日日飛馳，伊戚之患，誰之爲咎。而長年飄泊蜀夔，對國事絲毫不能盡力，亦如魚龍之到秋天，伏蟄於深淵，一無動靜。本有志於匡濟，期奮力於王室，爲國家百年大計，竭盡所長。惜乎投訴無門，遺老荒江，思之思之，如何可已。

六、秋興之五

蓬萊宮闕對南山，承露金莖霄漢間，西望瑤池降王母，東來紫氣滿函關。雲移雉尾開宮扇，日繞龍鱗識聖顏。一臥滄江驚歲晚，幾回青鎖點朝班。

譯述蓬萊宮，於唐高宗龍朔三年，由大明宮改稱。北據高原，南望終南，一覽無遺，蓋以殿堂高聳，又於宮側加建金掌以承風露，其勢如沖霄漢，極爲壯觀。而西望瑤池，東瞻函關，氣勢雄偉，宮闕壯麗，漪歟盛哉。此二語含意何屬？宋、明、清解箋頗多，大都以諷諫刺譏兩意屬之。但杜公詩文，向多敦厚，今僅就詩之外表文字伸意，不作深入探猜，以維前輩哲人令譽。雖目以皮相不計也。雉尾有若雲的移動，至尊用的宮扇，則緩緩張開，上御綉龍袞服，出現眼前，實有無盡威儀。自從獻三大禮賦，獲玄宗召見，以布衣朝王，識龍顏於祥瑞錦綉繚繞中，實爲人生異數。而今蟄臥滄江，歲已報秋，人亦老去。回憶當年以拾遺卑官，列居朝聖行列，次數不多，即受斥離開，撫今思昔，遐念難已。

七、秋興之六

瞿塘峽口曲江頭，萬里風烟接素秋。花萼夾道通御氣，芙蓉小苑入邊愁。珠簾繡柱圍黃鵠，錦纜牙檣起白鷗。回首可憐歌舞地，秦中自古帝王州。

譯述從瞿塘峽遠望長江，相去萬里，當此秋令時節，兩地景物，都在日漸凋殘，滿目皆是蕭索現象。回想玄宗開元二十年，擴建花萼樓，開築夾城複道，由南內直達曲江之芙蓉苑，天子於複道中往來，外人鮮有知者。迨安祿山叛亂事報聞，帝欲幸蜀，乃登花萼樓，置酒四顧，不禁悽然。隱含帝室奢靡，疏於武備，至貽野心賊寇以叛亂之機。蓋以宮廷建設，皆爲珠簾綉柱，極盡繁華，曲江遊艇，則爲錦纜牙檣，一派綺麗。而黃鵠白鷗，翺翔殿宇渚邊，處處顯出興盛景象。但至今日（指玄宗幸蜀後京師景況），京師任何地點，皆呈悽涼狀況，無論是「樂遊原」，「曲江」各地皆然。想秦中爲長安天府，周、秦、漢、隋，歷代所都。至唐則胡馬長驅直入，天子遠避，使聖地成爲鬼域，九廟爲之墮毀。歌舞奢靡，誘入外侮侵凌，惜哉。

八、秋興之七

昆明池水漢時功，武帝旌旗在眼中，織女機絲虛夜月，石鯨鱗甲動秋風。波漂菰米沈雲黑，露冷蓮房墜粉紅。關塞極天惟鳥道，江湖滿地一漁翁。

譯述昆明池，在長安縣西二十里，爲漢時所鑿，武帝爲練兵習水戰，大修昆明池，治樓船，長十餘丈，遍置旌旗於其上，以練水師，甚雄壯。唐玄宗曾於此池中置船，我們從杜公寄賈嚴兩閣老：「無復雲臺仗，虛修水戰船」詩中，可以了解。池之左右，置二石人，所以象牽牛織女，令其東西相望，以象天河。西京雜記中，談到刻玉石於昆明池，爲鯨魚狀，每雷雨至，魚常鳴吼，鰭尾皆動。池之四週多菰，卽茭白，秋結實而黑，人稱彫胡米。菰之首稱節錄，菰米如多，一望黯黯，如烏雲之黑也。池之內，種芙渠，開紅白花，迨其實結爲蓮房時，則花瓣下墜，遠望之如紅粉飄落。究其本意，卽以京師自外寇侵入，兵戈離亂，處處皆顯現衰敗景象。最後歸結到，極天極地，均多傷亂，宇宙雖大，湖海雖濶，均無可置足處，亦若漁翁之飄泊，不知伊於胡底。也兼及昆明湖往日盛況，何日再能見到。

九、秋興之八

昆吾御宿自逶迤，紫閣峰陰入渼陂。紅豆啄餘鸚鵡粒，碧梧棲老鳳凰枝。佳人拾翠春相問，仙侶同舟晚更移。綵筆昔曾干氣象，白頭吟望苦低垂。

譯述昆吾在藍田縣，御宿在萬年縣，路道蜿蜒，紫閣峰在終南山，其形勢聳立，有若樓閣。在紫閣峰背面，爲美陂，皆長安附近名勝。且昆吾有亭與御宿苑，均係漢武帝所建築，屬上林苑範圍。這些地區，杜公昔曾遊宴，逸興遄飛，耿耿難忘。碧梧紅豆，具見秋色。但春間拾翠芳郊，暨與岑參兄弟泛舟美陂往事，至今思之，猶歷歷在目，且有美陂行詩：「船舷暝戛雲際寺，水面月出藍田關」，蓋紀實也。想當年以綵筆寫美陂遊樂諸詩，氣象萬千，何其壯盛，到於今則年事日高，風雲際會，已不可想望，白首低吟，又何其衰疲。寫至此，則聲淚俱盡，精疲力竭矣。

八律沉雄壯麗，思緒遼濶，心與神會，筆力萬鈞，且前後脈絡一貫，旨意諧合，篇章次第，鈎玄握要，分之雖爲八律，合之則爲一篇有聲、有淚、有骨有肉、有勸諫，有規略，有忠愛，有諄誠之大文章也。杜公往矣，讀之能不爲之掩卷長歎耶。

十、九日藍田崔氏莊

老去悲秋强自寬，興來今日盡君歡。羞將短髮還吹帽，笑倩旁人爲正冠。藍水遠從千澗落，玉山高並兩峰寒。明年此會知誰健，醉把茱萸仔細看。

題解藍田縣屬京兆府，在長安東面。

楊誠齋云：此詩字字句句皆奇，唐律如此者絕少。首聯對起，方說悲，忽說歡，頃刻變化。頷聯將一事翻騰作兩句，嘉（孟嘉）以落帽爲風流，此以不落帽爲風流，最得翻案妙法。人至頸聯，筆力多衰，復能雄杰挺拔，喚起一篇精神。結聯意味深長，悠然無窮矣。

譯述人屆晚年，歲至涼秋，易增悲感。杜公千古傷心人，能不爲之悲歎？但詞句則逸態橫生，豪情洋溢，化悲氛爲樂趣，實則更加悲涼悽愴。蓋杜公達人，所以强自寬解。受崔氏莊主人邀宴，宜盡興盡歡，以致對其慇懃接待之至意，用心周恰而良苦。實則杜公此際，官位卑微，婦子遠處，衣食不全，內心困窘不堪，有何興趣於此遊宴。引用孟嘉落帽事，以放誕風流筆意，寫秋之來，有人歡快，有人則哀感滋生。但爲掩飾哀感，所以有笑請旁人，爲之正衣冠，尊其瞻視。藍田莊主人殷殷待客，客人必須爲之讚譽，使主客均歡。故以遠水從千澗墜落，來寫其山莊之壯盛，以距藍田山最近之華山，譽高並兩峰之森寒，來寫其山莊之雄峙。詩思沉渾，句意卓特，但也充分透出杜公內在淒清。因此纔有明年果能如此地再行宴會時，有誰健在，有誰他往之意出焉。更因此就宜乘今日之興，乘今日之醉，多將茱萸看個夠吧。蓋有佩茱萸，飲菊花酒，令人長壽的故事傳焉

十一、解悶

一辭故國十經秋，每見秋瓜憶故丘，今日南湖采薇蕨，何人爲覓鄭瓜州。

題解鄭瓜州，即祕監鄭審，杜公久居夔，感懷故人，故有此作。

譯述身離京師，已十次經過秋天，每當秋瓜熟時，就憶及故園杜陵。（漢時，秦遺老常種瓜於長安之青門地區，青門接近杜陵，故謂之故丘）但天涯遙隔，言歸何其難也。復以鄭審有宅在夔之南湖，但任官祕監，現居長安，不在舊宅。而杜公則滯留湖南，常采薇蕨以佐餐，因而想到秋瓜，並由秋瓜想鄭祕監，見鄭宅而不見人，乃一時興感，而有此作。

另據朱鶴齡註：據張禮之夔府南游記，有濟潏水，涉神禾原，西望香積寺之下原，過瓜洲村語。又許惲集，有和淮南相公重游瓜洲別業詩，其自注云：瓜洲村與鄭莊相近，鄭莊爲杜公密友世稱三絕之鄭廣文（虔）郊居之所。鄭審，虔之侄，詩之云鄭瓜州，正詩人遊戲筆墨，與機爛漫處。

第七章 遊旅

一、陪鄭廣文遊何將軍山林

不識南塘路，今知第五橋。名園依綠水，野竹上青霄。谷口舊相得，濠梁同見招。平生為幽興，未惜馬蹄遙。

題解何將軍山林，在杜城之東，韋曲之西，長安附近名勝。

譯述不認識赴南塘的道路，今天確知道第五橋了「第五複姓，取以名橋，頗富詩意」。當離開京城，沿途就觀瞻所及，發現名園多傍水邊興建。四野綠竹，修竿長凌雲霄。谷口指鄭廣文，謂係多年好友，彼此心性與共，故邀約同遊。濠梁，即通過水面的石橋，此蓋藉用莊子與惠子同遊濠梁故事以自喻。並云一生最愛遊旅活動，常因遊樂，而不計及道路遠近。

二、重遊何氏

落日平臺上，春風啜茗時，石欄斜點筆，桐葉坐題詩。翡翠鳴衣桁，蜻蜓立釣絲。自今幽興熟，來往亦無期。

題解本詩依「春風啜茗時」與「重遊」推斷，應作於翌年春天。前詩因有「野竹上青霄」句，當係作於先一年夏天也。

譯述落日，非黃昏時之日，係由晴空下照於平臺上之日。春風輕緩吹拂，對日品茗，心境極爲安適，而身依平臺邊緣的石欄，手執着筆，就桐葉題詩，意態幽閒之致。翠鳥鳴躍於衣竿之上，蜻蜓挺立於釣絲之一端，蜓鳥相親，風物如畫，從玆遊興勃發。今後，可能常來此遊樂了。

三、發秦州

我衰更懶拙，生事不自謀。無食問樂土，無衣思南州。漢源十月交，天氣涼如秋。草木未黃落，況聞山水幽。栗亭名更嘉，下有良田疇。充腸多薯蕷，崖蜜亦易求。密竹復冬筍，清池可方舟。雖傷旅寓遠，庶遂生平遊。此邦俯要衝，實恐人事稠，應接非本性，登臨未銷憂。谿谷無異名，塞田始微收。豈復慰老夫，惘然難久留。日色隱孤戍，烏啼滿城頭。中宵驅車去，飲馬寒塘流。磊落星月高，蒼茫雲霧浮，大哉乾坤內，吾道長悠悠。

題解乾元二年十月，杜公至秦州赴同谷縣紀行。

譯述年歲漸增，思緒反應日漸遲頓，行動也顯得懶惰。對於生計，缺乏自謀能力，衣食常難以爲濟。樂土南州（指同谷），妻兒所暫寄住，現在生活情狀若何呢？在漢源縣境，當十月之交，天氣已漸轉涼，但草木尙未發黃，葉亦未凋落，氣候仍然暖和，寒衣尙無迫切需要。票亭爲成州名勝，下有良田，盛產薯蕷（俗名山藥），食之可補虛癆，久服身輕體健，能減少饑餓，崖蜜，卽黑蜂所產，山巖高峻處頗多，爲極佳葯品，亦可佐餐。竹笋產量亦豐，池塘水域，備有舟楫。雖說家人寄寓遙遠，但利用返家之便，可作旅遊。因此同谷可以家居。至於秦州，雖地處要衝，然人多議論多，虛與應酬接觸有違本性，且亦難於解除困擾，山谷谿壑平坦，了無殊異處，梯田磽薄，農作物收入甚少，老年居此窮鄉，不勝悵惘，故難以久留下去。日色灰暗，烏鴉滿城飛鳴，祇好驅車離去。當星光高挂，飲馬寒塘，擧眼一片蒼茫，雲和霧飄浮四週。歎息天地如此廣濶，竟無地可以容身，長年奔馳，如何可已。

此詩先敍述年老體衰，難爲稻粱之謀，次言妻兒寄住之同谷，氣候溫和，物產豐盛，景物秀雅，可以安居。再談及秦州人多雜亂，肆應不易，且土地貧瘠，出產微薄，生活艱窘，故應離去。終以茫茫宇宙，無地容身作結，天妬英才，千古同悲。

四、寒峽

行邁日悄悄，山谷勢多端。雲門轉絕岸，積阻霾天寒。寒峽不可度，我實衣裳單。況當仲冬交，泝沿增波瀾。野人尋烟語，行子傍水餐。此生免荷殳，未敢辭路難。

題解離秦州後，道經寒峽，寫此紀行。

譯述行路日遠，時間於不經意時，輕輕流過。沿途所經山谷，絕壁懸崖，各類形勢狀態極多。山峽出入，隨時面臨斷崖，險阻叠出，雲霧重重，且兼天寒，行旅確屬艱苦。加以衣着單薄，當此十一月天氣，實難度過。山居之人，常生烟火以驅寒氣，但行路之人，則不可能如此。故有時雖傍臨水邊而進食，寒氣更重，也難於避開。尚喜身無重荷，行動尚爲輕便。故未敢以旅途之苦，而不行動也。此詩全敍途中經過艱苦情況。

五、發同谷縣

賢有不黔突，聖有不煖席。況我饑愚人，焉能尚安宅。始來茲山中，休駕喜地僻。奈何迫物累，一歲四行役。忡忡去絕境，杳杳更遠適。停驂龍潭雲，廻首虎崖石。臨歧別數子，握手淚再滴。交情無舊深，窮老多慘戚。平生懶拙意，偶值棲遯跡。去住與願違，仰慚林間翮。

題解乾元二年十二月，卽居同谷不盈月，轉赴成都。

譯述黔突，卽烟囪爲烟所染而發黑之意。此謂古之賢者，行動匆忙，常居一地，飯未燒熟，坐未爲暖，卽須離去。淮南子記載有：「墨子無黔突，孔子無煖席」。杜公蓋以此自喻。何況一位爲饑餓奔走的人，那有長久居處一地的可能。當初來同谷山中時，停下行足，見地勢偏僻，所以內心非常欣慰，以爲可以安居下來，奈何身無儲積，迫於生活，祇好又作這一次的，第四次奔波了（是年春天，杜公自東都回華州，秋，自華州作客秦州，初冬，自秦州到同谷，現在又須自同谷赴成都）。自同谷前往四川必須經過劍閣，此爲天絕。杜公懷着忡忡憂慮，去此絕境，也無法計及道路的險阻同遙遠。行路所及，先爲深及萬丈的龍潭，次爲驚險百出的虎穴，仍應前往。啟程之時，與幾位好友握別，淚灑衣襟，交情無新舊，亦無深淺，總以道義爲先。但一位既窮而年齡又大的人，長年行役，該多麼悲慘悽惻。如就懶與拙的本意，自應以隱居山區爲好；惟事與願違，行和住均無能自作安排，俯仰之間，尙不如林中飛鳥的自由棲息，眞有說不盡的慚愧。

六、白沙渡

畏途隨長江，渡口下絕岸。差池上舟楫，窈窕入雲漢。天寒荒野外，日暮中流半。我馬向北嘶，山猿飲相喚。水清石礧礧，沙白灘漫漫。迥然洗愁辛，多病一疏散。高壁抵嶔崟，洪濤越凌亂。臨風獨回首，攬轡復三歎。

題解白沙渡，爲嘉陵江上流，可能在成州境內。

譯述嘉陵江上游、渡河處，人多視爲畏途。蓋以先須由高絕的懸岸，下降至渡船頭，在急流劇烈擺動下，勉强跌宕上船，有似孤身進入深邃的窮山，亦有似紙鳶之飛上雲漢，寒荒野外，日暮中流，形勢的險惡，船在急流中前進的艱困，可以想見。此際馬嘶北風，猿嘯寒林，相互呼應，景況更增淒涼。幸有磊磊的磧石，綿綿的白沙，隱顯於清澈的流水中，可以一洗行旅愁煩，病況也爲之減輕。對岸的高壁，亦復峻峙，江中波浪，更洶湧不止。抵岸之後，回首處，洪濤與山勢等高，實令人牽着馬韁，而作三聲的長歎。

七、五盤

五盤雖云險，山色佳有餘。仰凌棧道細，俯映江木疏。地僻無網罟，水清反多魚。好鳥不妄飛，野人半巢居。喜見純樸俗，坦然心神舒。東郊尚格鬥，巨猾何時除。故鄉有弟妹，流落隨邱墟。成都萬事好，豈若歸吾廬。

題解去成都路中，棧道盤曲，有五重之多。據一統志記載：七盤嶺在保寧府廣元縣北，一百七十里處，一名五盤嶺，卽此處。

蔣弱六云：是險極中，略見可喜。因此生出別感來。分明一路恐懼，驚憂，萬苦在心。至此心神略閒，不覺兜底觸出，最爲神到。

譯述山道曲折盤旋，達五重之多，雖說險峻之致，但山的外貌，所表現的各種形色，則甚佳妙。如抬頭看棧道，則形細如髮，低首下視，則江水瀠洄，花木稀疏。惜以地區偏僻，水中游魚甚多，無網罟以捕取。美麗、乖巧的鳥雀，飛躍有致，山居的人，多數築巢而居，風俗的純厚，令人心曠神怡。惜乎史思明巨奸大憝，叛亂尚未淸除，以致故園中弟妹們，流落他鄉，團聚爲難。儘管成都爲天府之區，萬事萬物都好，但怎能與老家的安適比較呢？

八、劍門

惟天有設險，劍門天下壯。連山抱西南，石角皆北向。兩崖崇墉倚，刻劃城郭狀。一夫怒臨關，百萬未可傍。珠玉走中原，岷峨氣悽愴。三皇五帝前，鷄犬莫相放。後王尙柔遠，職貢道已喪。至今英雄人，高視見霸王。併呑與割據，極力不相讓。吾將罪眞宰，意欲剗疊嶂。恐此復偶然，臨風默惆悵。

題解據一統志記載：大劍山在保寧府劍州北二十五里，蜀所恃以爲外戶。其山峭壁中斷，兩崖相嵌，如門之闢，如劍之植，故又名劍門山。

舊唐書載：大劍山有閣道三十里，俗稱劍閣。

朱鶴齡云：蜀爲財賦所出，自明皇臨幸，供應不貲，民力盡矣。民力盡而盜寇乘之，晉李特流人之禍，可爲明鑒。此詩故有岷峨悽愴，與英雄割據之慮也，公豈徒詩人已哉。

楊倫云：以議論爲韻言，至少陵而極。少陵至此等詩而極，筆力雄肆，直欲駕劍閣銘而上之。

譯述劍門天險，由大劍山至此，有棧道可通，山勢連環，形態險絕，飛閣凌雲，故又稱劍閣。其他任何山區，無此險峻，是以雄視天下，山山連抱，石角北向，自明皇幸蜀後，稱蜀郡爲南京。岩壁重疊，有若城郭，一人據守，百萬人莫可如何。雖以蜀爲天府，物產豐裕，但盡歸中原後，亦力竭而窮，致靑城峨嵋，也感到悽愴。但蜀民守舊，各安其業，鷄犬之聲雖相聞，然老死不相往來。直如三皇五帝時代，人民日出而作，日入而息，帝力何有於我哉的情況一樣。惟至秦世，蜀道通而與中原職貢往還，避地自守之道，遂蕩然無存。因之有劉備、公孫述等稱王稱霸，割據自雄，今後亦將不免。所以要責備將來鎮守蜀郡官員，隨時要忠勤職守，剷除那些妨害國政障礙。所謂：「天下未亂蜀先亂」，恐決非偶然。臨風緘默，有不勝其悵惘若失者。

九、發潭州

夜醉長沙酒，曉行湘水春，岸花飛送客，檣燕語留人。賈傅才未有，褚公書絕倫。名高身後事，回首一傷神。

譯述潭州，爲長沙府治，因要去潭州，當有友好爲之餞別，乃因而醉倒。翌晨乘船沿湘江首途，兩岸飛花，似在送客離去。而繞船翻飛的燕子，則呢喃不休，若有留人情狀。自愧未有賈太傅才華，亦不善褚遂良書法，緬懷前賢遺緒，感觸頻生。但成名、傳名，均爲身後的事，目前回首前塵，能無黯然。

第八章　題書畫

一、畫鷹

素練風霜起，蒼鷹畫作殊。攫身思狡兎，側目似愁胡。絛鏇光堪摘，軒楹勢可呼。何當擊凡鳥，毛血灑平蕪。

題解王西樵云，命意精警，句句不脫畫字。仇滄柱云。每咏一物，必以全副精神入之，杜老筆墨，蒼勁中，時見靈氣飛舞。

譯述畫中蒼鷹展翅壯飛，有似絹素隨風飛起，形貌極爲動人。突起的身勢，狀如狡兎，側着的面形，似嗔似愁。但以狀如絲質的緜索，繫之鷹足，而栓於可以旋轉的輪軸上，使鷹跳躍如意，外狀以敞廳，以爲配合。假如與普通雀鳥搏鬥，將見風毛雨血，遍灑塵埃。此詩句句皆鷹，字字皆畫，鷹如有知，當奮飛沖天而去。

二、題李尊師松樹障子歌

老夫清晨梳白頭，元都道士來相訪。握髮呼兒延入戶，手提新畫青松障。障子松林靜杳冥，憑軒忽若無丹青。陰崖却承霜雪幹，偃蓋反走蛇龍形，老夫生平好奇古，對此興與精靈聚。已知仙客意相親，更覺良工心獨苦。松下丈人巾屨同，偶坐似是商山翁。悵望聊歌紫芝曲，時危慘澹來悲風。

題解張上若曰，畫中所有，作兩層寫，末說到感時思隱，寓意甚深，不僅是拘拘題畫意。楊倫曰，唐人爲詩，皆量己力以致功，常積數十年，然後各自名家。今人不然，若有小得於己，便高視前人，自以爲無敵。然知音之難，萬事悉然。杜工部云，「更覺良工心獨苦」，用意之妙，有舉世莫知之者，此其所以爲獨苦歟。

譯述唐會要載，京城朱雀街，有元都觀。觀中道士，一日晨，手持新畫，訪杜公於其寓所。公正梳洗中，命其子延之坐，視其所畫爲青松，枝幹挺拔，鬱鬱葱葱，無異眞松。松根盤曲於山崖陰深處，松針有似華蓋，老幹蒼古，形勝虬龍。杜公自認一生好奇，意像中，似有精靈融於畫上，而與李尊師意趣相貫通。松下另有老丈，葛巾野服，神態瀟洒，類若商山四皓。觀賞之餘，聊歌紫芝一曲，一以慰畫工用心之良苦，一以自慰己身有若松下獨坐老人，與世隔絕，而才大難為用，才大老邱壑，這種內心的獨苦，誰能知之。此詩為畫松而題，亦藉畫以自況耳。

三、畫鶻行

高堂見生鶻，颯爽動秋骨。初驚無拘攣，何得立突兀。乃知畫師妙，巧刮造化窟。寫此神俊姿，充君眼中物。烏鵲滿樛枝，軒然恐其出。側腦看青霄，寧為衆禽沒。長翮如刀劍，人寰可超越。乾坤空崢嶸，粉墨且蕭瑟。緬思雲沙際，自有烟霧質。吾今意何傷，顧步獨紆鬱。

題解 仇滄柱云，首八句從生鶻突起，轉到畫鶻，頓挫生姿。以下烏鵲恐其出擊，疑於眞鶻矣。乃仰天而不肯沒去，則畫鶻矣。長翮可任超越，又疑眞鶻矣。乃墨痕空帶蕭瑟，則仍畫鶻矣，語意層層跌宕。

李時珍云，鶻小於鴟，而最猛捷，能擊鳩，但不擊妊，蓋重義也。

譯述 廳堂之上，看到英姿颯爽的生鶻，其身無絛鍊拘繫，何以傲岸兀立不去。至此才獲知畫師筆墨高妙，能巧奪天工，寫出如此靈活姿態，使人見了，疑為眞鶻。羣鳥恐其出擊，頗多戒懼，但鶻則仍然歛翅不舉。實則鶻之翮，有如刀劍一樣的鋒利，可以飛越人寰，可以上凌霄漢。但鶻仍自戢翼不舉，實乃墨色所繪製，而無羽毛，自不能飛去，令人不能不爲之鬱鬱傷懷，迨杜公自喻有志難展者乎。

此詩言鶻爲猛鳥，善於搏擊，但畫鶻則有翅難舉，雖形姿神俊，巧奪天工，又何用乎。

四、戲題王宰畫山水圖歌

十日畫一水，五日畫一石，能事不受相促迫，王宰始肯留眞跡。壯哉崑崙方壺圖，掛君高堂之素壁。巴陵洞庭日本東，赤岸水與銀河通。中有雲氣隨飛龍。舟人漁子入浦漵，山木盡亞洪濤東。尤工遠勢古莫比，咫尺應須論萬里。焉得並州快翦刀，翦取吳淞半江水。

題解王峰，蜀中人，多畫蜀山，玲瓏嵌空，巉嵯巧峭。

譯述十天畫成一泓水波，五天畫成一片崖石。善畫的人，不能受人催促，須聽其自然，才願意精運筆墨，畫出可與眞跡相同的畫來。多雄峙的山水圖，有如崑崙和方丈，巍峨聳峙，峻挺連環，林木青蒼，溪水潺潺，將之張掛於客廳，該如何的風雅宜人。至於洞庭湖面的遼濶，與日本島嶼的綿延，多藉助自西而東的水流，相互連結溝通。如遇風雲，則洪濤高湧，有似飛龍，漁舟齊集浦漵以避，草木杈枒搖撼而屈從。氣勢磅礴，生機流通。對遠山的投影，尤爲精工。咫尺萬里，眞影留鴻。何處得來如此靈思妙悟，畫出如此淋漓瀟灑的靈山勝境來。

此詩先敍其畫之工，次說其形勝雄渾廣博，最後則以人間難得的佳山佳水作結。

五、觀薛稷少保書畫壁

少保有古風，得之陝郊篇。惜哉功名忤，但見書畫傳。我遊梓州東，遺跡涪江邊，畫藏青蓮界，書入金牓懸。仰看垂露姿，不崩亦不騫。鬱鬱三大字，蛟龍岌相纏。又揮西方變，發地扶屋椽。慘澹壁飛動，到今色未填。此行疊壯觀，郭薛俱才賢。不知百載後，誰復來通泉。

題解薛稷，字嗣通，好古博雅，外祖魏徵，家藏虞褚舊跡頗多，稷精於模仿，遂以書名天下，畫亦稱絕品。睿宗踐祚，遷黃門侍郎，歷太子少保。

譯述薛少保對古風，研之有素，如所作，「驅車越陝郊，北顧臨大河」即為佳構。惜乎仕路多艱，因太平公主事受牽連賜死，但喜其書畫能夠傳世，尚值得為之歌詠。當遊梓州東區時，於涪江之濱，青蓮寺裡，發現藏有他的畫件，亦有所書大字懸掛高堂之上。仰頭看去，形如懸針垂露（書法專用名詞），遒勁挺拔，無一敗象。稷另書「慧普寺」三字，每字直徑三尺許，藏之通泉縣慶善寺聚古堂，夭矯有似游龍。更畫西方諸佛相，由地面至屋頂，高逾尋丈，筆墨經營，極爲生動，到今天尙未改變。此行果獲名作觀賞，深感欣慰。郭（指元振，亦精於畫，曾任兵部尙書同中書門下三品，有宅在通泉縣）與薛兩人，均是才能特達之士，但於百年之後，尙有如我之人，前來通泉，欣償名人遺跡者乎？斯語感慨萬千。

此詩以薛稷之長於古風寫作，說到他能書善畫，最後歸結到杜公本身，以知音身分，前來觀賞。但又提到百年之後，還有誰來此觀玩呢？

六、韋諷錄事宅觀曹將軍畫馬圖歌

國初以來畫鞍馬，神妙獨數江都王。將軍得名三十載，人間又見眞乘黃。曾貌先帝照夜白，龍池十日飛霹靂。內府殷紅瑪瑙盤，婕妤傳詔才人索。盤賜將軍拜舞歸，輕紈細綺相追飛。貴戚權門得筆跡，始覺屏障生光輝。昔日太宗拳毛騧，近時郭家獅子花。今之新圖有二馬，復令識者久嘆嗟。此皆戰騎一敵萬，縞素漠漠開風沙。其餘七匹亦殊絕，迥若寒空動烟雪。霜啼蹴踏長楸間，馬官廝養森成列。可憐九馬爭神駿，顧視清高氣深穩。借問苦心愛者誰，後有韋諷前支遁。憶昔巡幸新豐宮，翠華拂天來何東。騰驤磊落三萬匹，皆與此圖筋骨同。自從獻寶朝河宗，無復射蛟江水中。君不見，金粟堆前松柏裏，龍媒去盡鳥呼風。

題解曹將軍霸，爲曹操之後裔，天寶末年，詔寫御馬及畫功臣像，官至左武衞將軍。所畫九馬圖，藏長安薛紹彭家，宋蘇子瞻曾爲之作贊。

李子德云，如太史公寫鉅鹿之戰，楚兵無不一以當百，呼聲震天，當使古今詩人，膝行匍匐而見。

張上若云，杜詩咏一物，必及時事，故能淋漓盡致，今人不過就事塡寫，宜與會索然耳。

楊倫云，以江都王襯曹霸，又以支遁襯出韋諷，該增兩人多少身分。本畫九馬，先從「照夜白」說起，詳其寵賜之由來。本結九馬，却想到九萬匹去，不勝龍媒之悲。前後波瀾壯濶。在敍九馬時，又將拳毛騧、獅子花二馬拈出。次及七馬，又復與九馬併說，妙在一氣雄渾，不着痕跡，眞化工之筆也。

江俠庵云，少陵身歷興衰，撫時感事，胸中常有一幅痛淚。作此詩時玄宗旣崩，正南內寂寞之時，則見曹將軍畫馬，攀髯之慟，自不能禁。所以先以先帝照夜白敍入，中段始寫所見九馬圖。如就題旨言，則九馬爲寫作之主，餘皆陪襯。但詳究詩之本意，則九馬爲陪襯，前後論斷，反爲主旨也。

乾隆對此詩御示略以：浩浩落落，獨往獨來，如神龍在霄，連蜷變化，不可方物。

譯述江都王緒，太宗皇帝之猶子，以善畫鞍馬，名於唐之初葉，用筆神妙，時論推爲第一。繼之興起者，則爲將軍曹霸，迄今已享名三十年，使人們又看到名列周天子八駿之一的眞「乘黃」了。將軍之善畫，受知於先帝玄宗，故被寵召，以畫「照夜白」。由於所畫逼眞，感動天地，致南薰殿側龍池內之潛龍，隨風雲而至。且雷聲隆隆不絕，使玄宗大感嘉慰，乃命婕妤傳御旨，向內府保管珠玉寶器的才人，找出紅瑪瑙盤以賞賜之。將軍拜領之餘，謝恩返府。自此名傳朝野，王侯將相，競以珍貴物品送贈，以求將軍筆跡，作爲家中屛障，引爲光彩。早年太宗養有六駿，現刻在於昭陵，其中有一名拳毛騧。現在郭子儀，也有駿馬獅子花，在新圖中，有此二名馬，凡識馬者，都會爲之長久嗟歎不置。蓋此二名馬，用於戰場，可以一敵萬，今繪於此素絹之上，體態絕倫，宛若行進風沙漠漠之戰場，有衝鋒陷陣之悲壯。見者識者，如不爲之動容，可以嗎？其他七馬，亦神駿絕倫，動態矯捷，直若輕烟飄於寒空，蛟龍游於蒼海，蹄踏間生氣勃鬱，當其奔馳長林道上，意態從容。而馭馬官員和飼養丁衆，皆整然成列，以點綴於其近傍。這九四神情俊挺的馬，意氣飛揚，形貌開朗，畫師苦心創製，有誰鑒賞。經查證前有支遁，現在則有韋諷，珍愛此名畫，能賞識曹將軍繪製的苦心。天涯知己，畫家可以無憾了。回憶玄宗在日，常巡幸昭應縣驪山下的新豐宮，當時旌旗翠蓋，名馬三萬匹，扈蹕隨行，不啻驚天動地而來，這些馬，都與圖中所畫者，筋與骨皆相同。但河伯獻寶於周穆王，漢武帝射蛟於潯陽江，自此皆成歷史陳跡，玄宗亦復升天，無復游幸之事。於今祇有金粟山前，松柏叢裡，虎踞龍蟠的玄宗陵墓在是。飛龍在天，駿馬四散，哀鳥悲風，令人爲之悽惋。此詩本爲觀曹霸畫而寫，但興念所及，則轉以玄宗生前之愛馬、養馬，及逝後羣馬四散，而生無盡哀思，爲寫作主旨。其他詞意，均成爲陪襯。杜公之忠愛君國，雖流離轉徙亦不忘。

七、觀李固請司馬弟山水圖

方丈渾連水，天台總映雲。人間常見畫，老去恨空聞。范蠡舟偏小，王喬鶴不羣。此生隨萬物，何路出塵氛。

題解觀詩意，知爲海上仙山圖，原作三首，今錄其第二首。

譯述方丈，古傳爲海上仙山，四周爲水所環繞。天台山亦有劉阮採藥遇仙故事流傳，不啻仙山，長爲雲霞所掩映。兩者均可望而不可及。現在看到此畫，似有方丈、天台勝概。年年行脚天涯，歲月催人老去，對久久空聞海上仙山境況，玆於畫中約略看到，聊勝如無矣。范蠡之舟，王喬之鶴，畫中亦有此二物：想過去范蠡之泛舟五湖，王喬之御鶴飛天，不亦令人產生泛飛遐想嗎？惜乎此身已墜入塵世，受到塵間事物羈伴，祇能與世沉浮，何能得到仙游之路，以脫出塵世紛擾，而解脫一切汚濁氣氛呢。

八、殿中楊監見示張旭草書圖

斯人已云亡，草聖祕難得。及茲煩見示，滿目一悽惻。悲風生微綃，萬里起古色。鏘鏘鳴玉動，落落羣松直。連山蟠其間，溟漲與筆力。有練實先書，臨池眞盡墨。俊拔爲之主，暮年思轉極。未知張王後，誰並百代則。嗚呼東吳精，逸氣感清識。楊公拂篋笥。舒卷忘寢食。念昔揮毫端，不獨觀酒德。

題解唐書，殿中省監一人，掌天子服御之事。

杜臆云：草書云圖，豈如右軍筆陣圖耶。

李子德云：摹寫處，具見大力，直是造化在手。

譯述張旭，唐吳人，字伯高，仕爲常熟尉，善草書，嗜酒每大醉，呼叫狂走，乃下筆，世號張顛，又稱草聖。他現已過世，他的作品，人皆祕藏，不易得到了。今楊監以他草書送閱，睹物懷友，滿眼辛酸。但張旭的草書，在怒筆急揮下，有似悲壯的風，吹在薄薄的絹素上，縱橫自如，萬里翻飛。書成後，瀟灑豪邁，活色生香。且鏗鏘有聲，如玉之清和。蟠屈夭矯勁，如松之蒼雄。連綿起伏，如山之環衔。波瀾壯濶，如海之浩瀚。凡帛染必先書，乃臨池而水黑。以峻峭挺拔爲主體。當其晚年，仍勤練至極。自張芝，王逸少而後，誰可與並爲百代之則者。想其稟東吳山水之精靈，纔有此成就。非常感謝楊監的清高雅博，能於箱篋中，將之取出，使人展卷觀賞，可廢寢忘食。追念昔日振筆疾書時，當在酒酣耳熱之後，逸趣勃發，銳意經營，乃克有此成就。

此詩先提張旭已作古，覩書思人，心爲悽然。次述書的形勝，並比喻張芝、王羲之，均善草書，可望並傳於世。後則向楊監致謝，及觀賞後感想。

第九章　好　義

一、送賈閣老出汝州

西掖梧桐樹，空留一院陰。艱難歸故里，去住損春心。宮殿青門隔，雲山紫邏深。人生五馬貴，莫受二毛侵。

題解賈閣老卽賈至，汝州今屬河南南陽府。

譯述賈至時爲中書舍人，因中書省在右，故稱右曹，亦稱西掖。賈閣老去後，從此掖垣無人，隱含人才凋零意。至爲洛陽人，與汝州爲鄰，能去汝州，離家鄉已不遠了。到汝州之後，是去洛陽老家，抑是留住汝州？均得深長考慮，此句用楚辭「目極千里兮損春心」的詞意。從此關山遠隔，但汝州屬梁縣，有紫邏山，頗具名勝規模，公餘，尚可往遊。人在仕進中，五馬足可珍貴。唐制，太守四馬，行部加一馬，故稱五馬。盼無以調動而怨苦，以致提早衰老。

此詩以賈之出守汝州，使中書省人才凋零，頌之亦慰之也，蓋由京師外調，總屬失意事。

二、曲江陪鄭八丈南史飲

雀啄江頭黃柳花，鵁鶄鸂鶒滿晴沙。自知白髮非春事，且盡芳樽戀物華。近侍卽令難浪跡，此身那得更無家。丈人才力猶強健，豈傍青門學種瓜。

題解曲江：京師名勝區，當時官員們讌飲，多於曲江爲之。

譯述春間，柳生嫩蕊，其色金黃，未葉而先花，鳥雀爭啄以爲食，或爭啄以爲戲。鵁鶄鸂鶒，皆屬水鳥類，亦卽春江水暖，鳥類於洲堵相嬉。但年事日長，白髮日多，對春天景物，已興意闌珊，且盡情吃酒吧。更以拾遺一職，爵位雖卑微，但接近至尊，行動不能隨便。而妻子遠在秦州，聚晤不易，人生焉能無家，何如棄職歸去？至於八丈，以才學正合時用，而身體又健康，則不宜歸隱。

杜公一生，篤好道義，寧可自身受盡委曲，受盡損害。但對友好，總竭盡心力爲之謀。此詩從春日物華，談到酒會，談到自己家室，與有辭官意念；而於鄭南史，則讚譽其才能，及其年事正當，並勸之仕進，不可退而致力於農事。

三、奉贈王中允維

中允聲名久，如今契濶深，共傳收庾信，不比得陳琳。一病緣明主，三年得此心。窮愁應有作，試誦白頭吟。

題解天寶末，王維官給事中，爲賊所得。服葯取痢，詐稱瘖疾，祿山使人迎至洛陽，拘於普施寺，迫以僞署。賊平，維以「凝碧」詩聞於行在，肅宗特宥之，責授太子中允。

王右仲云：此詩直似爲王維辯寃疏。

黃白雲云：三四句用古人作影，故敍事無痕。凡詩：寫景易，而敍事難。少陵讀萬卷書，用筆有如神助。

譯述中允，稱王維官職，享令譽已久，但有長時間暌違。今維之復用，實與元帝之收錄庾信同，但與曹操之用陳琳異。蓋侯景作亂，庾信陷賊，後奔江陵，元帝除信御史中丞。但陳琳先事袁紹，爲之典文章，衰敗歸曹，操雖未予罪責，而琳則更事二姓，大節已虧。至維初繫洛陽，受安祿山迫署僞職，維詐疾未受，肅宗復用之，且作「凝碧」詩，以示不忘故主，爲忠愛表現。陷賊，乃無可奈何之事，幸蒙明主鑑宥，三年來耿耿忠心，惟天可表。人在窮愁之中，應有作爲，作何事呢？試着誦白頭吟吧。

此詩先敍維成名已久，彼此久有暌隔，次敍維之授太子中允職，實由忠貞所致，與庾信復用故事同。但與陳琳之復事曹則不同，杜公之樂於成人之美有如此。最後又談到自己頭已漸白，捨執筆吟哦外，別無他事可作。

四、寄高三十五詹事

安穩高詹事，兵戈久索居。時來知宦達，歲晚莫情疏。天上多鴻雁，池中足鯉魚。相看過半百，不寄一行書。

題解至德二年（載），高適除揚州大都督府長史，淮南節度李輔國惡其才，數短毀之，下除太子少詹事。

譯述處事穩健的高詹事，自叛賊肇亂以來，長離開羣衆，而獨處一方。待爾後機運來時，自會顯達於時。目前但請勿以我（杜公自謂）之年歲日增，而忘記了。例如舉通信而言，天上多的是鴻雁，水池中又多的是鯉魚，皆可爲吾人傳遞書信，此蓋用古人魚雁傳書故事以爲喻。千萬請求不要以年歲過了半百，不予通音信了。

此詩重在安慰與籍勸，並因彼此友誼深厚，所以措詞較爲風趣。

五、贈衛八處士

人生不相見，動如參與商。今夕是何夕？共此燈燭光。少壯能幾時，鬢髮各已蒼。訪舊半為鬼，驚呼熱中腸。焉知二十載，重上君子堂。昔別君未婚，男女忽成行。怡然敬父執，問我來何方。問答未及已，兒女羅酒漿。夜雨翦春韭，新炊間黃粱。主稱會面難，一舉累十觴。十觴亦不醉，感子故意長。明日隔山岳，世事兩茫茫。

題解張上若云：全詩無句不關人情之至，景況逼眞，兼具頓挫之妙。

譯述人生不易相見，好像參星與商星一樣，左傳上載有：「遷閼伯於商邱、主辰、故辰為商星。遷實沈於大夏，主參，故參為晉星」。蓋以參星在西方，商星在東方，出沒兩不相見。今夜是難得的良宵，我們能夠剪燭相聚。青年與壯年的時間，過得極快，現在彼此頭髮都已斑白，過去友好，半數業經過世，內心該多警惕。違別二十年之後，重到府上，記得當年尚未婚娶，詎料今已兒女成行。這些孩子們，滿面微笑的問我，由何方來此？在相互問答未完時，享客的佳餚美酒，都已安排好了，春韭新翦，黃粱初熟，味極鮮美，主人以聚會不易，連續勸飲，所謂酒逢知己，酣飲不醉，而盛意可感。但勞人草草，明天我們的距離，就會隔得很遠，世間事，本就渺茫，誰可預料。

此詩首言人生會短離長，且又生日苦短。次言友誼深厚，聚晤痛飲，歸結到未來的渺不可知。

六、冬末以事之東都湖城東遇孟雲卿復歸劉顥宅宿宴飲散因爲醉歌

疾風吹塵暗河縣，行子隔手不相見。湖城城東一開眼，駐馬偶識雲卿面。向非劉顥爲地主，懶廻鞭轡成高宴。劉侯歡我携客來，置酒張燈促華饌。且將款曲終今夕，休語艱難尚酣戰。照室紅爐促曙光，縈牕素月垂文練，天開地裂長安陌，寒盡春生洛陽殿。豈知驅車復同軌，可惜刻漏隨更箭。人生會合不可常，庭樹雞鳴淚如綫。

題解湖城縣屬虢州，原名漢湖縣，後改湖城。

盧德水云：公既飲畢而去，又拉孟（雲卿）而回，寫出賓主忘形，從殘局中翻出新興，此段光景，至今令人廻環，詩欲不佳，得乎。

譯述劇風吹使塵土飛揚，河縣爲之昏暗，以風沙過大，行路的人，以手遮目，雖錯身而過，也相互不解爲誰。但走到湖城東面，偶爾開眼，竟看到老友孟雲卿，如果置酒饗客的不是劉顥，我也不會拉轉馬頭，再到劉宅接受豐盛的招待。主人歡迎我與客人俱來，乃張燈並具豪華的酒饌以速客，且殷勤勸作通宵之飲。惟此時國事靡寧，反賊安慶緒，尚

在頑抗各鎮節度的兵力。幸喜滿室燈光明亮，可以代替日光。而輝華的月光，由雅潔的窗戶照入，有如白練下垂。然據京師星象家占卜，認爲：「天開陽不足，地裂陰有餘」。皆爲以下犯上干戈不淨跡象。惟願寒盡春生，亂極必治，亦如長安昔爲賊據，今則併洛陽收復也。誰曉得車行同道，時間因更鼓的敲擊，去速如箭。人之一生，變化太不尋常，亦如庭樹月殘，鷄聲報曉，客子振衣作早行，別淚的墜落，竟連成了一綫。

此詩首言於疾風塵沙中遇孟雲卿，相與同至劉顥家，重新與宴高會，並談到叛賊尚未肅清。但幸長沙及洛陽已一併收復。復以人生遇合不定，致臨歧分手時，淚落串連似綫。

七、贈李白

秋來相顧尚飄蓬，未就丹砂愧葛洪。痛飮狂歌空度日，飛揚跋扈爲誰雄。

題解杜公贈李白詩頗多，此首雖爲最簡，但對白之概況，形容殆盡。天寶四年，杜公與李白遇於兗州時所作。

譯述秋天相遇，彼此行踪飄忽，不能如晉時的葛洪，到廣州的羅浮山去煉丹，足引爲慚愧。日日痛飮，時時狂歌，使大好時光虛度。而且白又好縱橫術，喜劍擊，任俠尚義，一幅飛揚跋扈姿態，究竟是爲誰而稱雄呢？

此詩首云彼此不期而遇，彼此一無定所。但慷慨尚義，狂歌痛飲，則又相同。最後以隱含惺惺相惜意作結。

八、奉簡高三十五使君

當代論才子，如公復幾人。驊騮開道路，鷹隼出風塵。行色秋將晚，交情老更親。天涯喜相見，披豁對吾眞。

題解高適使君，由彭州調刺蜀州，杜公曾往晤，不久卽歸，奉贈以詩。

譯述近代才智之士，宦途得意者絕少，如高之有才而致顯位，能有幾人？驊騮，指駿馬，鷹隼，指高飛大鳥。喻才人獲重用，可以大展懷抱。如此而仍能折節故舊，高誼隆情，令人心感。異地重逢，可以敞開襟懷，一吐胸中積悃。

此詩讚譽適以才見用，談到可以大展抱負，並看重舊友，歸結到彼此暢所欲言，而無所顧忌。

九、寄王十將軍承俊

將軍膽氣雄，臂懸兩角弓。纏結青驄馬，出入錦城中。時危未授鉞，勢屈難爲功。賓客滿堂上，何人高義同。

題解浦二田云：將軍當是駐成都屬郡，常往來成都者。詩則以古爲律，壯之惜之，一氣貫注，筆力甚雄。結聯作問辭曰，同君氣誼者幾人乎？蓋微以相知自許。

楊升庵云：五言律詩，起句最難。六朝人稱謝朓工於發端，如「大江流日夜，客心悲未央」，雄壓千古矣。唐人多以對偶起，雖森嚴而乏高古。余愛蘇頲「北風吹早雁，日月渡河飛」。張柬之「淮南有小山，嬴女隱其間」。杜子美：「將軍膽氣雄，臂懸兩角弓」。孟浩然「八月湖水平，涵虛混太清」。雖律也，而含古意，皆起句之可法者。

譯述將軍的膽識與豪氣，是雄壯的。臂上常懸掛着兩角形弓矢騎着花色駿馬，出入於錦綉的成都城中，令人傾倒。惜乎在國勢艱危時，未委以征討任務，致未能建立保國衞民功勳。雖然客堂上賓客常滿，但究有幾人？能與將軍意趣相投，並誼共肝膽呢？

此詩以壯王將軍豪邁開其端，繼則惜其未能致力征伐，以爲國家建立汗馬功勞。結語則以郊遊雖廣，知己又有幾人？並以略約相知自許。

十、客至

舍南舍北皆春水，但見羣鷗日日來，花徑不曾緣客掃，蓬門今始爲君開。盤飧市遠無兼味，樽酒家貧只舊醅。肯與鄰翁相對飲，隔籬呼取盡餘杯。

題解喜遇崔明府。

陳秋田云：賓是貴介之賓，客是相知之客。

黃生云：空谷足音之喜，村家率眞之情，一時賓主忘機，斯可見矣。

譯述草堂南北，皆爲春水所環繞，水上鷗鷺，天天飛去飛來，悠閒而自在。草堂苑內小徑，多日未曾打掃，乃爲荒草遮掩。草堂之門，亦不輕延賓客，所以雖設常關，今天才爲明府打開。由於距離城市較遠，菓菜臨時添購不易，故無兼味奉饗。酒雖舊藏，亦非佳釀。爲了賓主盡歡，特隔着竹籬，邀請鄰居老翁作陪，以罄所有。

第十章 永生

一、後出塞

朝進東門營，暮上河陽橋。落日照大旗，馬鳴風蕭蕭。平沙列萬幕，部伍各見招。中天懸日月，令嚴夜寂寥。悲笳數聲動，壯士慘不驕。借問大將誰，恐是霍嫖姚。

題解後出塞，共五首，玆錄第二首。爲徵兵赴薊門而作。

安祿山以邊功市寵要士，朝廷曲意徇之，志益驕，當將反之時，作是詩以諷。

少陵詩，五古則憲章漢魏，取材六朝，而又獨闢境界，奇拔沉雄，人所難及。

譯述受徵召之人，齊集後，於早上啟赴洛陽東門營地，到日落天暮時，進駐河陽橋畔，亦卽古孟津地區宿營。此際下落返照的日光，映射於軍旗上，馬在嘶叫，風在呼嘯，顯出一片肅殺壯烈景象。在廣大平原上，張開軍用營幕，多到數以萬計。入幕就寢之前，各領隊主將，分別召集新卒，告以軍中起居飲食應守戒律，然後各就寢地。儘管中夜皓月當空，但軍令森嚴，無一喧鬧擾攘聲音。更鼓敲動，一連數聲，而寢處之人，受嚴令的約束，全進入靜止狀態。軍容的整肅，雖落葉可聞，令人對之，有不寒而慄之感。這位統軍的將軍是誰呢？在征夫們初入軍營，一無所知情形下，可能有似漢朝驃騎大將軍霍嫖姚的猜測？

此詩從征夫從軍到宿營，以簡勁句法寫出。而「落日照大旗，馬鳴風蕭蕭」，則將軍令嚴肅，與軍營景況，形容殆盡。最後以不肯定的詞語，概指領軍統帥，有似漢時安邊名將霍去病，可說極盡隱諷之能事。

二、貧交行

翻手作雲覆手雨，紛紛輕薄何須數，君不見，管鮑貧時交，此道今人棄如土。

題解朱鶴齡云：此與太白「前門長揖後門關」之句，同其感慨。

江俠庵云：全篇如箴如謠，傷世慨俗之意，至此而盡。

譯述人世社會，波雲譎詭，世態炎涼，片面唯否，一位誠篤不欺的讀書人，言之心酸。而翻覆雲雨，輕薄難數，眞說盡了千古人情交往狀態。管仲與鮑叔，貧時相交，對財務分配故事，知道的人多，做到的人太少。因爲人們已視道義交情如糞土了。

此詩首句形容佳妙，也道盡千古世態人心。結句樸拙而含蓄，是杜公的敦厚處。

三、短歌行贈王郎司直

王郎酒酣拔劍斫地歌莫哀，我能拔爾抑塞磊落之奇才。豫章翻風白日動，鯨魚跋浪滄溟開。且脫佩劍休徘徊。西得諸侯棹錦水，欲向何門趿珠履。仲宣樓頭春色深，青眼高歌望吾子。眼中之人吾老矣。

題解盧德水云：突兀橫絕，跌宕悲涼。

朱鶴齡云：王司直將往成都，公惜其負此奇才，而有事干謁，故言今將往依何人之門耶。

譯述王郎司直有奇才，不得志於時，將遊西蜀，干諸侯，杜公爲餞行，酒酣以劍斫地，慷慨悲歌。公乃卽席賦詩以贈，一以壯其行，一以慰其心。故開始卽勸以，歌聲莫要哀切。雖然多年受到壓抑，奇才無所表現，但願爲之振拔，使能脫穎而出。當亘風吹動之時，豫章大木，也會爲之翻滾。當鯨鯢亘魚鼓浪之時，滄溟濛渺，也會爲之開朗。且將佩劍入銷，並擱置一旁，然後奮勇前往。以身心具有之奇才，必受到蜀中諸侯重視。但良禽擇木，良才擇主，進見之先，宜善自爲謀。今在仲宣樓頭，爲子餞別，斯時春色正深，亦象徵吾子前途無量。特以另眼相送，預祝成功。同爲天涯不得意之人，然吾子年正盛，奮鬥之時正長，成功有望。而我則已進入晚境，自願樂觀厥成。

此詩首述王郎有奇才而無奇遇，故受盡壓抑。轉述未來開創機會正多，但宜善為選擇。結語則鼓勵奮勇向前，成功有日。反觀自已，一生落拓，願在晚年，看到王郎的成功。

起句突兀，結語跌宕，有無盡悲涼之意在。

四、飲中八仙歌

知章騎馬似乘船。眼中落井水底眠。汝陽三斗始朝天。道逢麯車口流涎。恨不移封向酒泉。左相日興費萬錢。飲如長鯨吸百川。銜杯樂聖稱避賢。宗之瀟灑美少年。舉觴白眼望青天。皎如玉樹臨風前。蘇晉長齋繡佛前。醉中往往愛逃禪。李白一斗詩百篇。長安市上酒家眠。天子呼來不上船。自稱臣是酒中仙。張旭三杯草聖傳。脫帽露頂王公前。揮毫落紙如雲烟。焦遂五斗方卓然。高談雄辯驚四筵。

題解此詩約作於開元天寶間，係綜合前後意念而成，非一時之作也。

蔡寬夫詩話：此歌眠字、天字、再押前字，三押亦周詩分章之意。

沈確士云：前不用起，後不用收，參差歷落，似八章實仍一章，格法古未曾有。

李于德云：似贊似頌，只一二語，可得其人生平，妙在是敘述，不涉議論，而八公身分自見，風雅中，具司馬太史筆也。

江俠菴云：此篇無首無尾，所詠各人各事，絕無連絡。但敍其人之事，或二句，或三句，或四句，每句用韻，參差錯落，韻脚不避重複，是其體約從漢之柏粱聯句，脫化而出者，章法句法，皆所不講，固是一時遊戲之作。則古詩不能雜律句之論，於此亦可從寬矣。

詩中八仙：卽賀知章，自號四明狂客，又稱秘書外監。汝陽王璡，雖爲宗室之貴，但放誕詩酒。左丞相李適之，飮酒一斗不亂，日抛千金不惜。齊國公崔宗之，豪華美少年，酒醉亦美，如玉樹臨風。蘇晉，官太子左庶子，數歲知爲文。李白，爲供奉翰林，日酣飮酒市，人稱謫仙人。張旭以草書知名，每醉後，縱筆揮灑，變化無窮。焦遂，每飮盡五斗不醉，常高談雄辯，足驚四筵。

譯述賀知章狂放曠達，醉後乘馬，搖幌馬背，有若乘船動搖狀貌，曾因眼神花亂，誤落水底，而醉態依然。汝陽王鏈，每飮三斗始進朝，如在道中逢上賣酒車輛，口中饞涎自會流出，惜乎未受封爲酒泉郡王。左丞相李適之，雅好賓客，每飮酒一斗而明朗如故，有如巨鯨吸水一樣。當罷相後，有詩「避賢初罷相，樂聖且銜杯」句，杜公借用如此。崔宗之，爲豪華美少年，風流瀟灑，每酒醉倒時，有玉山將頹狀，常與李白詩酒唱和。蘇晉好佛事，素食，但每於沉醉中參禪。李白：詩文皆奇，猶耽於酒，以斗酒詩百篇名世，受知於玄宗，常予優容，一日玄宗泛舟白蓮池，甚懽洽，召白爲樂章，時白已醉，行動不便，玄宗命高力士扶之登舟，乃援筆而成三絕（卽清平調）。張旭善草書，普受珍視，每飲必醉，醉後則脫帽露出頭頂，再索紙筆，並奔走狂呼，然後着筆，醉墨滿紙，亦烟雲滿紙，有如神助然。焦遂，以布衣交往王侯，優游山水間，每於宴飲時，豪飲五斗，而高踞高談，毋稍改變，四座爲之震驚。

此詩突起突落，筆力萬鈞，描述八位豪於酒者平生醉態與醉趣，各極其妙。其中尤以焦遂爲布衣，別無傳述。得杜公十四字，就與詩聖書聖並傳不朽，且氣宇卓立不羣，洵爲異數。

五、丹青引贈曹將軍霸

將軍魏武之子孫，於今爲庶爲清門。英雄割據雖已矣，文采風流今尙存。學書初學衞夫人，但恨無過王右軍。丹青不知老將至，富貴如我如浮雲。開元之中嘗引見，承恩數上南薰殿。凌烟功臣少顏色，將軍下筆開生面。良相頭上進賢冠，猛將腰間大羽箭。褒公鄂公毛髮動，英姿颯爽來酣戰。先帝天馬玉花驄，畫工如山貌不同。是日牽來赤墀下，迥立閶闔生長風。詔謂將軍拂絹素，意匠慘澹經營中。斯須九重眞龍出，一洗萬古凡馬空。玉花却在御榻上，榻上庭前屹相向。至尊含笑催賜金，圉人太僕皆惆悵。弟子韓幹早入室，亦能畫馬窮殊相。幹惟畫肉不畫骨，忍使驊騮氣凋傷。將軍善畫蓋有神，偶逢佳士亦寫眞。即今飄泊干戈際，屢貌尋常行路人。途窮反遭俗眼白，世上未有如公貧。但看古來盛名下，終日坎壈纏其身。

題解曹霸，魏曹髦之後，髦畫稱於魏代。霸在開元中，已得名，天寶末，每詔寫御馬及功臣，官至左武衞將軍。

張惕菴云：此太史公列傳也。多少事實，多少議論，多少頓挫，俱在尺幅中，章法跌宕縱橫，如神龍在霄，變化不可方物。

邵滄來云：寫畫人，却狀其畫功臣。寫畫馬，却狀其畫玉花驄。難貌者已有神，而常人凡馬更不待言。乃前畫功臣御馬，能令至尊含笑，後畫行路常人，反遭俗子白眼，有無限感慨。然曹霸惟浮雲富貴，則雖貧賤終身，亦足以自慰耳。

許彥舟詩話：讀完老杜丹青引：「一洗萬古凡馬空」，與東坡題吳道子畫壁：「筆所未到氣已吞」，他人難道出隻字。

題述曹將軍爲魏武帝後代，於今雖已淪爲庶人，但因係魏國王孫關係，而被推爲淸門，亦即寒素之家。乃祖曹操，稱雄東漢末年，爲割據事業，現已消失，然其文采風流，猶傳存於後輩子孫身上。曹將軍最初學書於衞夫人，自覺不易超越王羲之。乃改學畫，以一身精力時間，投之於繪畫，夙夜辛勤，不知老之將至。且將世人所追逐之富貴，視同天上的浮雲。在玄宗皇帝時代，數蒙徵召，於南薫殿內，就太宗時代，畫家閻立本在凌烟閣所畫開國功臣諸像，因日久顏色淡化，予以加强。將軍一下筆，立即活色生香，連同戴在文官頭上的進賢冠，與懸掛武將腰間的大羽箭，皆巧作配戴。使鄂國公尉遲敬德，褒國忠壯公段志元，俱百戰功臣，使其英姿煥發，有似新自戰場酣戰歸來勝概。其所畫之逼眞，迨可想見。再則畫馬，先帝玄宗有御馬名玉花驄及照夜白者，過去曾召徵許多畫工，爲之畫，但所畫無一相同，也無一逼眞者。是日玄宗特命牽出於赤墀之下，神駿矯健，蹄下生風，命將軍畫之。乃輕拂絹素，審愼佈局，並先就其外貌予以鈎勒，然後濡墨縱筆，揮灑點染，須臾而圖成，將帝珍愛之龍馬，塗繪於絹上，神韻氣勢，與原馬無二。此畫一出，萬古凡馬，無一可以觀矣。將軍持畫，獻之御榻之上，而邀天覽。由於畫得太神似，使御榻上之畫馬，與立於赤墀上之眞馬，相向屹立，無所分別。帝因之大展龍顏，命予重金獎勵。養馬官員看了，既羡之，又惆悵，感於養馬專業，受到了威脅。將軍入室弟子，名韓幹者，亦善畫馬，且狀貌能使各異。惟其缺點，爲僅長於畫馬之表皮，不能畫馬之骨骼，使馬顯得外貌臃腫而軟弱，如畫驊騮之類名馬時，以其僅具皮相，缺乏筋骨，則神態喪失，無足觀瞻了。將軍之畫，以神俊爲主，偶亦畫高士像，風流倜儻，博人欽崇。但恨賊臣辱國，天子西幸，社稷危殆，將軍於戰亂間，生活飄泊，一貧如洗。爲謀生計，偶而爲普通俗人寫照。由於窮途末路，竟常遭來俗人白眼。當今之世，還有誰比將軍更困苦的人呢？看來盛名之下，常遭天譴，人生的不幸，竟纏繞於其一身，而無以解脫，可慨也夫。

此詩首就曹將軍畫馬之由來，悲家國之衰替。次述曹將軍畫馬雖神俊逼眞，但不能改變國運與家運。終乃以窮困終其身，名爲曹將軍身世悲，實亦爲己一生遭遇悲耳。至其畫人，與弟子韓幹亦善畫馬等，均爲詩中陪襯，但韓幹乃因此詩而垂名於不朽，是亦異數耳。

六、旅夜書懷

細草微風岸，危檣獨夜舟。星垂平野濶，月湧大江流。名豈文章貴，官因老病休。飄飄何所似，天地一沙鷗。

題解沈確士云：胸懷經國濟世之能，故曰名豈因文章而著，官位以論事而罷，乃曰老病應休，立言含蓄如此。

劉辰翁云：等閒之風月，著一湧字，則氣象瓊然不同。如將垂字，改爲隨字，便氣味索然。

譯述岸邊細草，因微風吹動，唯一的帆檣，單獨靠泊在江邊。夜深，翹首天外，星光四垂，平野一片空濶，月光照入水中，湧起流動景象。一個人的功名顯晦，絕不取決於文章，而仕宦途中，到了晚年多病，允宜辭却。所謂：無官一身輕，則飄泊的行踪，直如沙鷗，可以隨遇而安了。

此詩之組成，就外象言，首二句寫靜夜安詳。三四句，則由安詳而博大壯濶，而氣勢浩然。五六句則寫盡仕宦途中眞態，有不忍言與不盡言的含蓄。最後寫出天地雖大，吾將焉往。

七、登岳陽樓

昔聞洞庭水，今上岳陽樓。吳楚東南坼，乾坤日夜浮。親朋無一字，老病有孤舟。戎馬關山北，憑軒涕泗流。

題解劉辰翁云：氣壓百代，爲五言雄渾之絕。

俞犀月云：次聯是登樓所見，寫得開濶，頸聯是登樓所感，寫得黯淡，正於開濶處，見得俯仰，一身淒然欲絕。

唐子西云：常過岳陽樓，觀子美詩，不過四十字耳，其氣閎放，涵蓄深遠，殆與洞庭爭雄，所謂富哉言乎，太白退之，率爲大篇，極其筆力，終不能逮。

蔡絛嘗擧古來詠洞庭岳陽之名句，如「水涵天影濶，山拔地形高」。「四顧疑無地，中流忽有山」。「鳥飛應畏墮，帆遠却如閑」等。謂到孟浩然，便氣象雄張，壓倒衆作。至杜子美詩，氣象更大。如「吳楚東南坼，乾坤日夜浮」，正不知少陵胸中，呑幾許雲夢。

王阮亭云：元氣渾淪，不可湊泊，高立雲霄，縱懷身世，寫洞庭只兩句，雄跨今古。

譯述 昔日嘗聽說洞庭湖水，廣濶無限。今天登上岳陽樓，俯瞰洞庭，確見景物與湖面，渺無邊岸。洞庭大體說，是在吳之南，楚之東，形勝寬廣，直如地面陷裂使然。更以洞庭山（一名君山），浮於湖水中，有似乾坤浮在水中一樣。近來親朋無隻字來往，彼此信息中斷，年老又多病，身世有如孤舟，關山戎馬，吐蕃寇邊正急，而自身又日日奔走他鄉，有家難歸。一念及此，惟有身倚欄杆，涕泗橫流了。

此詩作於大歷三年冬，是時杜公由湖北的江陵，而公安，並順流而下的來到了岳陽。有一天登上岳陽樓，寫下了如波瀾的壯濶，似泰岱之永恒的這一首詩，使千古詩人豪士，爲之擱筆。

八、黃河兩首錄一

黃河西岸是吾蜀，欲須供給家無粟。願驅衆庶戴君王，混一車書棄金玉。

題解吐蕃入寇，邊警時傳，民苦饋餉而作。蓋代蜀人爲蜀謠，以告哀也。

譯述唐時，粮道運輸，俱仰賴於黃河。蜀遠處西南，地僻路險，河漕不通，粮運累絕，常有供給無粟之苦。願意糾合羣衆，盡心君事國事。而且希望獲致一車書籍，以教育羣衆，但金玉則棄之有如塵土。

此詩先敍蜀地，次敍蜀窮，歸結到羣衆忠心擁戴君王，並重視文化流傳，不重金玉。宗旨所在，不外早日太平，以甦民困。

本書參考書目

一、杜詩鏡銓　楊　倫編釋　華正書局

二、讀杜心解　浦起龍著　古新書局

三、全唐詩　清聖祖　明倫出版社

四、杜甫卷　華文軒編輯　明倫出版社

五、唐詩選評釋　李攀龍選　日森大來評釋　河洛圖書出版社

六、唐詩說　夏敬觀著　河洛圖書出版社

七、杜甫作品繫年　李辰冬著　東大圖書公司

八、杜甫評傳　劉維崇著　商務印書館

九、讀杜詩說　施鴻保著　河洛圖書出版社

十、杜甫詩　傅東華註　商務印書館

十一、杜詩詳註　仇兆鰲註　文史哲出版社
十二、唐詩概論　蘇雪林著　商務印書舘
十三、唐詩研究　胡雲翼著　商務印書舘
十四、唐宋詩詞研究　張敬文著　商務印書舘
十五、中國詩學大綱　楊鴻烈著　商務印書舘
十六、中國韻文概論　梁啟勳著　商務印書舘
十七、中國歷代詩選　丁　嬰編　宏業書局
十八、中國詩學　黃永武著　巨流圖書公司
十九、中國詩歌發展史　梁　石着　經氏出版社
二〇、舊唐書　劉　昫等著　洪氏出版社
二一、新唐書　歐陽修著　洪氏出版社
二二、歷代名畫記　張彥遠撰　華正書局
二三、圖書見聞志　郭若虛撰　華正書局
二四、六一跋畫　歐陽修撰　華正書局
二五、東坡論畫　蘇　軾撰　華正書局

二六、中國歷代帝王譜系彙編　賈虎臣編著　正中書局
二七、中國繪畫史　俞　崑編著　華正書局
二八、中國書法概要　陳其銓著　中國美術出版社
二九、史　記　司馬遷著　世界書局
三〇、水經注疏　戴震著　商務印書館